女性が活躍する社会の実現

　多様性を活かした日本へ

加藤 久和＋
財務省財務総合政策研究所【編著】

中央経済社

はじめに

　「女性の活躍に関する研究会」に出席する機会を得て，現場に密着した多くの報告を聞き，社会が直面している課題を学んだことに感謝したい。
　働き方をはじめとして，「女性の活躍」できる環境へと変えていくことは，女性だけでなく，男性も活躍できる社会を築くことにつながる。この点を具体的に示したこの研究会の報告が，全ての人の活躍につながることを期待したい。

2016年4月

財務省財務総合政策研究所顧問
貝塚　啓明

「女性の活躍に関する研究会」メンバー等

（役職は2016年4月現在）

座長

　　加藤　久和　　明治大学政治経済学部教授

メンバー（50音順）

　　安藤　哲也　　NPO法人ファザーリング・ジャパン代表理事
　　古平　陽子　　株式会社電通電通総研主任研究員
　　本田　由紀　　東京大学大学院教育学研究科教授
　　水落　正明　　南山大学総合政策学部教授

ゲストスピーカー

　　駒崎　弘樹　　認定NPO法人フローレンス代表理事
　　白土真由美　　前株式会社電通電通総研サステナビリティ研究部長
　　中野　円佳　　ジャーナリスト／東京大学大学院教育学研究科博士課程
　　横山　重宏　　三菱UFJリサーチ＆コンサルティング株式会社　経済政策部長

研究会顧問

　　貝塚　啓明　　財務省財務総合政策研究所顧問

財務省財務総合政策研究所

　　冨永　哲夫　　財務省財務総合政策研究所長
　　田中　　修　　財務省財務総合政策研究所副所長
　　大西　淳也　　財務省財務総合政策研究所副所長
　　高田　　潔　　財務省財務総合政策研究所副所長
　　鵜田　晋幸　　財務省財務総合政策研究所総務研究部長
　　大関由美子　　財務省財務総合政策研究所総務研究部総務課長
　　前島　優子　　財務省財務総合政策研究所総務研究部総括主任研究官
　　奥　　　愛　　財務省財務総合政策研究所総務研究部主任研究官
　　越前智亜紀　　財務省財務総合政策研究所総務研究部研究員

小笠原　渉	財務省財務総合政策研究所総務研究部研究員
田村　泰地	財務省財務総合政策研究所総務研究部研究員
富永　健司	財務省財務総合政策研究所総務研究部研究員
日置　瞬	財務省財務総合政策研究所総務研究部研究員
和田　誠子	財務省財務総合政策研究所総務研究部研究員
長谷川克征	財務省財務総合政策研究所総務研究部総務課研究企画係長
菅野　悟	財務省財務総合政策研究所総務研究部総務課研究企画係

> 「女性の活躍に関する研究会―多様性を踏まえた検討―」
> 開催実績

(役職は研究会開催時)

第1回会合　2015年9月7日（月）13：30-16：00　於：財務省4階　国際会議室
　　研究会の問題意識
　　　　前島　優子　　財務省財務総合政策研究所総務研究部総括主任研究官
　　委員全員から自己紹介と現状認識
　　特別ゲスト
　　　　石川　淳　　株式会社電通電通総研研究主幹

第2回会合　2015年10月16日（金）15：00-17：30　於：財務省4階　国際会議室
　　報告「『女性』と『働く』の現状と今後～生活者の意識や時代の変化から考察～」
　　　　古平　陽子　　株式会社電通電通総研主任研究員
　　報告「上司が変われば組織が変わる！働き方が変わる！
　　　　～少子化・女性活躍時代におけるイクボスのすすめ～」
　　　　安藤　哲也　　NPO法人ファザーリング・ジャパン代表理事
　　特別講演「ダイバーシティ社会実現に向けた女性の可能性と課題」
　　　　白土真由美　　前株式会社電通電通総研サステナビリティ研究部長

第3回会合　2015年12月18日（金）9：30―12：00　於：財務省4階　第1会議室
　　報告「都市と地方における女性の就業の違い」
　　　　水落　正明　　南山大学総合政策学部准教授
　　報告「北欧等の女性をとりまく環境と日本との相違」
　　　　奥　　愛　　財務省財務総合政策研究所総務研究部主任研究官
　　　　和田　誠子　　財務省財務総合政策研究所総務研究部研究員
　　　　越前智亜紀　　財務省財務総合政策研究所総務研究部研究員
　　特別講演「企業における女性のキャリア形成支援の現状と課題」
　　　　横山　重宏　　三菱UFJリサーチ＆コンサルティング株式会社　経済政策部長

第4回会合　2016年1月18日（月）15：00-17：30　於：財務省4階　第1会議室
　　　報告「成人男女のジェンダー意識の類型と規定要因
　　　　　　―潜在クラス分析に基づいて―」
　　　　本田　由紀　　東京大学大学院教育学研究科教授
　　　特別講演「待機児童問題だけじゃない！女性活躍の大いなる壁」
　　　　駒崎　弘樹　　認定NPO法人フローレンス代表理事
　　　特別講演「『育休世代のジレンマ』を越えて」
　　　　中野　円佳　　ジャーナリスト／東京大学大学院博士課程
　　　総括としての質疑応答・意見交換
　　　座長総括

目　次

序章　いっそうの「女性の活躍」に向けて――― 1
1. 多様な能力を活かす社会への進化………………………… 1
2. 研究会における報告内容…………………………………… 5
3. 研究会における提言………………………………………… 9
4. 次世代につなぐ環境作り…………………………………… 19

第1章　求められる女性活躍とその課題――― 25
1. 女性活躍を巡って…………………………………………… 26
2. 女性活躍の政策対応と意義………………………………… 27
3. 女性の置かれている現状と課題…………………………… 30
4. 労働市場における女性……………………………………… 36
5. 女性活躍への支援と少子化対策…………………………… 42
6. まとめと残された課題……………………………………… 45

第2章　スウェーデンとオランダの女性をとりまく環境と日本への示唆――― 49
1. 海外比較からみた日本の女性の現状……………………… 49
2. スウェーデンにおける女性の活躍………………………… 56
3. オランダにおける女性の活躍……………………………… 61
4. スウェーデンとオランダから得る日本への示唆………… 67

第3章　成人男女のジェンダー意識の類型と規定要因――― 73
　　　―潜在クラス分析に基づいて―
1. 問題意識……………………………………………………… 73
2. 先行研究……………………………………………………… 77
3. データと方法………………………………………………… 78
4. 潜在クラス分析の結果……………………………………… 80
5. 各潜在クラスの規定要因…………………………………… 88

6．まとめ……………………………………………………………… 91

第4章　「女性」と「働く」の現状と今後 ―――――――― 95
　　　　　―生活者の意識や時代の変化からの考察―
1．「女性」の就業状況と理想のライフコース ………………… 95
2．「仕事を継続している女性（継続層）」の現状と今後………… 97
3．「仕事を中断して再開する女性（中断再開層）」の現状と今後……… 101
4．「女性」をとりまく，時代の移り変わり …………………… 104
5．「女性」の価値観・意識の変化 ……………………………… 106
6．「働く女性」のために加速させるべきこと ………………… 113

第5章　企業における女性のキャリア形成支援の現状と
　　　　課題 ――――――――――――――――――――― 117
1．問題の所在……………………………………………………… 117
2．調査目的，方法等……………………………………………… 120
3．企業の取り組み………………………………………………… 120
4．考　　察………………………………………………………… 140

第6章　（補論）女性活躍推進で企業・女性に何が
　　　　起こっているか ――――――――――――――――― 145
　　　　　―「育休世代のジレンマ」からの脱出戦略―
1．女性活躍推進の波と「育休世代のジレンマ」……………… 145
2．企業の動きと課題……………………………………………… 147
3．個人の動きと課題……………………………………………… 152
4．女性活用失敗と男性長時間労働強化の悪循環の打破へ…… 155

第7章　男性に必要な変化 ――――――――――――――――― 157
　　　　　―次世代育成のために―
1．子どもが生まれたら，父親の意識（OS）を入れ替える … 157
2．育児休暇（育休）を取得した男性にみられる変化………… 159
3．男性社員の育休取得が増えることによる企業側のメリット……… 163
4．男性の働き方改革―ワーク・ハードからワーク・スマートへ … 166

5．イクボスが増えれば，働き方が変わり，社会が変わる……………… 170

第8章 （特別講演録）待機児童問題だけじゃない！
　　　　女性活躍の大いなる壁────────── 175
　1．待機児童問題の先にある課題………………………………………… 175
　2．病児保育……………………………………………………………… 176
　3．障害児保育…………………………………………………………… 180

第9章　都市と地方における女性の就業の違い────── 187
　1．女性就業の分析視点………………………………………………… 187
　2．データ分析…………………………………………………………… 189
　3．女性就業の課題と政策……………………………………………… 207

■序章
いっそうの「女性の活躍」に向けて

前島　優子

> 　女性は活躍の場を広げている。女性の労働人口は増加し続けており，女性は家庭においても家事・育児・介護などの多くを柔軟にこなしている。しかし，政治・経済の意思決定過程への女性の参画率は非常に低い。これは，日本の特徴であり，今後，いっそうの「女性の活躍」に向けて環境整備を進めることが必要である。女性が活躍できる環境作りは，多様な能力を活かす社会への進化に通じる。
> 　財務省財務総合政策研究所では，2015年9月から2016年1月にかけて，「女性の活躍」をテーマに取り上げ，「女性の活躍に関する研究会―多様性を踏まえた検討―」（座長：明治大学・加藤久和教授）を開催した。研究会では，多様な委員の参加を得て，人々の意識や働く場の状況，保育ニーズの多様性に関する知見を深め，社会・経済の持続性を展望する上で不可欠な「女性が活躍できる環境の整備」について議論を行った。
> 　女性の活躍と男性の家事・育児参画は表裏一体として推進されるべきものであり，女性のいっそうの活躍のために，性別役割分担にかかる意識改革のほか，働き方と評価の改革，育児環境の充実が必要とされた。本章においては，各章の要旨・提言を踏まえつつ，議論の全体を概観する。

1．多様な能力を活かす社会への進化

　女性は活躍の場を広げている。働く場における男女の均等な機会と待遇の確保を目的とした「男女雇用機会均等法」施行（1986年（昭和61年））から，30年が経過した。日本は，人々が性別等に関係なく意欲的に能力発揮できる環境を作り上げただろうか。「女性の活躍」が成長戦略の1つとされてから，2015年4月には社会保障と税の一体改革を踏まえた「子ども・子育て支援新制度」がスタートし，2016年4月からは，いわゆる女性活躍推進法が施行されたところである。女性管理職比率などの数値目標の公表が義務付けられ（300人以下の企業は努力義務），比較も可能となる。しかし，単に表面的な数値達成が目

的となるにとどまってはいけない。真に，多様な能力を活かす社会に進化することが期待されている。

社会保障と税の一体改革では，社会保障制度を全ての世代が安心感と納得感の得られる「全世代型」に転換し，就学前，学齢期，若年層から高齢期までを通じて適切な支援が実現されることを目指した。高齢化，家族と地域の支え合い機能の低下，雇用の不安定化といった時代変化を踏まえて，年金，医療，介護のいわゆる社会保障3経費に加え，第4の経費として子ども・子育て支援策が位置づけられ，消費税を財源として充実させることで将来世代の希望につなげるとされた。子ども・子育て支援は，次世代育成にとって極めて重要であるとともに，女性の活躍とも密接な施策である。

財務省財務総合政策研究所では，初めて「女性の活躍」をテーマに取り上げ，2015年9月から2016年1月にかけて，「女性の活躍に関する研究会—多様性を踏まえた検討—」（座長：明治大学・加藤久和教授）を開催した。研究会では，多様な委員の参加を得て，人々の意識や働く場の状況，保育ニーズの多様性に関する知見を深め，社会・経済の持続性を展望する上で不可欠な「女性が活躍」できる環境の整備について議論を行った。本章においては，各章の要旨・提言を踏まえつつ，議論の全体を概観する。

(1) 柔軟な女性たち

女性の年齢階級別労働力率について，2004年（平成16年）から2014年（平成26年）の10年間の分析[注1]によれば，全年齢で労働力率は上昇してきている。特に，「30～34歳」有配偶者の労働力率が最も上昇し，いわゆるM字カーブが緩和した。また，正社員の女性比率が高い企業の利益率は高い傾向にある[注2]。

日本の労働力人口[注3]は，1998年（平成10年）をピークに減少傾向であったが，最近増加に転じ，2015年（平成27年）平均で6,598万人（前年比11万人増）となった。男女別にみると，男性は減少傾向である一方，女性は増加傾向で，2015年（平成27年）平均では，男性が前年比7万人減少の3,756万人に，女性は前年比18万人増加の2,842万人（過去最高）となった。就業者数が最も増加した産業は「医療・福祉」で，女性が前年比20万人増，男性が前年比7万人増となっている。「医療・福祉」分野[注4]はこの10年間（2003年（平成15年）～2013年（平成25年））で最も雇用者が増加（207万人）した産業であり，増加数のうち約7割（145万人）は福祉分野の雇用者であった。福祉分野雇用者はそ

の60％程度が介護分野雇用者であり，27％程度が児童福祉分野雇用者である。福祉分野の雇用者の女性比率は高く（平均約8割），例えば，保育士の女性比率は97.2％，介護サービス職業従事者の女性比率は80.2％となっている[注5]。

女性は各家庭においても多くの役割を柔軟にこなしている。各家庭の育児は多くの場合女性が担っている。ひとり親世帯をみても，母子世帯（123.8万世帯）が父子世帯（22.3万世帯）[注6]より多く，女性が育児を担っている。各家庭における介護者も女性であることが多く（同居の主な介護者の性別は，女性が68.7％，男性が31.3％[注7]），女性は家庭において，家事・育児・介護などの多くをこなし[注8]，就業者としても柔軟に時代のニーズに応えている。

(2) 国際比較で見えてくる課題

日本の女性の社会進出についての課題は，国際比較することでみえてくる。2015年（平成27年）における日本のジェンダー・ギャップ指数[注9]は，145カ国中101位となっている。順位が低い理由は，政治・経済の意思決定過程への女性の参画率（国会議員比率と企業の管理職比率）が極めて低いことである。日本の女性の大学相当の高等教育進学率は他国に比べて高くない[注10]。年齢階級別労働力率[注11]をみると，出産・育児期の女性の労働力率は70％超に上がってきている[注12]が，北欧諸国では，いわゆるM字カーブを解消し労働力率は90％に迫る水準[注13]である。日本の女性の労働力率の上昇は，非正規就業の増加によっており，女性就労者の非正規割合は60％に迫り，男性の非正規割合（20％程度）に比べて格段に高い[注14]。また，2014年（平成26年）における女性の非労働力人口のうち1割超（300万人超）が就業を希望しており，就業を希望しながらも求職していない主な理由として，出産・育児のほか，適当な勤務時間・賃金の仕事がないことが挙がっている[注15]。男女の賃金格差はOECD諸国で3番目に大きく（女性は男性の75％程度）[注16]，正規雇用者の収入に限ってみても，50代に向けて男女差が拡大[注17]している（**図表序-1**）。これは，規模・業種に関わらずみられる傾向である。共働き世帯自体は多くなっているが，第1子出産後に6割の女性が仕事を辞め[注18]，キャリアの断絶が起きている。男性の育児休業取得率は2％程度[注19]と依然低く，30〜40代の子育て世代が長時間労働しており，日本の男性の家事時間は世界一少ない[注20]。

図表序-1　雇用形態，性別，年齢階級別賃金（全企業規模・産業全体，2015年）

─■─ 男性：正社員　　─▲─ 女性：正社員
─■─ 男性：正社員以外　─▲─ 女性：正社員以外

(出所)　厚生労働省「平成27年賃金構造基本統計調査」。

(3) いっそうの「女性の活躍」のための環境づくり

　アメリカのヒラリー・クリントン氏は，2011年のAPEC「女性と経済サミット」における国務長官としての演説で，女性の労働者と管理職に対する差別をなくすことで，労働者1人当たりの生産性が25～40％向上し得る[注21]とした。また，複数の調査から，女性は自らの収入を食物，医療，家の修繕，自分自身や子どもの教育費に支出することが分かっており，この支出はさらなる雇用の拡大等につながる乗数効果を持ち，市場が冷え込んだ場合の緩衝材にもなると述べた。そして，女性の労働参加への障壁が減少すれば，日本のGDPは16％増加する[注22]とした。また，IMFのクリスティーヌ・ラガルド専務理事は，2014年「女性が輝く社会に向けた国際シンポジウム」において，日本における女性の労働参加率がG7の平均レベルまで引き上がれば，1人当たりの所得が恒常的に4％増加し得る，北欧の参加率レベルになれば，さらに4％増加する[注23]との分析結果を紹介した。なお，内閣府の男女共同参画会議の報告書（2012年（平成24年））でも，女性の潜在労働力である就業希望者342万人が就労すれば，雇用者報酬総額は7兆円程度（GDPの約1.5％）増加するとされた。

　本研究会においては，加藤（第1章）が，女性の労働力率上昇や活躍促進が出生率の改善につながり得ることを示し，奥・和田・越前（第2章）が，ジェ

ンダー格差がない国で幸福度が高くなっていることを紹介した。「女性の活躍」に向けての環境づくりは，すでに2016年（平成28年）の「一億総活躍国民会議」によって示された「夢をつむぐ子育て支援」における「長時間労働の是正」「多様で柔軟な働き方の推進」「男性の意識・行動改革」「多様な保育サービスの確保」「保育人材の育成・確保」「三世代同居・近居」「幼児教育」「ひとり親家庭等への支援」などとも重なる。本研究会では，これらの先にあるいくつかの課題を含め，いっそうの「女性の活躍」のための環境づくりについて議論がなされた。

2．研究会における報告内容

各委員から非常に興味深い多くの知見や分析結果が報告された。以下，各委員からの主な報告事項を紹介したい。

(1) 性別役割分担意識と就労意識に関する事項

男性と女性では，性別役割分担意識や就労意識にそれぞれ違いがみられる。意識形成は男女ともその親から強い影響を受けている。女性の就労意識向上には，知識・能力への自信（強み）と仕事と育児の両立に理解ある管理職の存在がプラスの影響を持つ。育児休業を取得した男性の意識は大きく変わる。

○ジェンダー[注24]意識は，男性は「保守」が半数近くを占める一方，女性の「保守」は多くない[注25]。（本田委員）
○就業意識は，男性では「仕事積極」がマジョリティ，女性では「仕事消極」がマジョリティ。（本田委員）
○性別役割分担意識に対する賛否は都市と地方でほぼ変わらない。（水落委員）
○ジェンダー意識に関わらずワーク・ライフ・バランスは支持されている。（本田委員）
○女性が就業することに対する考え方は，男女とも自分の親から強い影響を受けている。（本田委員）
○女性の約半数は仕事への価値観形成に母親から影響を受けているが母親世代は結婚・出産をしても仕事を継続するという意識は弱い。結婚・出産を機に退職する女性は，専業主婦や就業中断を前向きにとらえている。（古

平委員）
○未婚女性の「リベラル・仕事消極」層に大学以上がやや多い。（本田委員）
○既婚女性の過半は，「リベラル・仕事消極」層であり，男女平等意識はあるが仕事でもっと活躍したいと思っているわけではない。その割合は，20年前と比べて拡大した。（本田委員）
○既婚女性で男女平等志向がとても強く，仕事でも積極的に活躍したい層（「リベラル・仕事積極」層）の割合は25％程度であり，20年前と比べて縮小した。（本田委員）
○管理職になりたいと回答した女性総合職は3割弱。（古平委員）
○仕事を継続している女性は，初就職前までに働くことが当たり前ととらえている傾向があり，仕事を継続する女性の割合は約2割にとどまっている。（古平委員）
○仕事を継続している女性は働くモチベーションとして，経済的自立，精神的自立，成長意欲，利他的マインドを挙げている。（古平委員）
○働くために女性が諦めているものの中に「子どもの人数」もある。（古平委員）
○約8割の女性が今後も「働きたい」（継続＋再開）と回答している。（古平委員）
○出産後仕事を継続する上で，マミートラック[注26]に意欲を削がれる人とありがたいと思う人がいる。（ゲストスピーカー中野氏）
○子どもの有無や有職無職（専業主婦）に関わらず，多くの女性は「イクボス」[注27]がいると働きやすいと回答している。（古平委員）
○女性は再就職に際して，自分の経験やキャリアを活かすことよりも勤務場所・勤務時間・雇用形態・勤務日数を重視している。（古平委員）
○女性の就業意識には，仕事に活かせる「強み」があるかどうかが大きく影響している。（本田委員）
○地方では，知識・能力に自信がないため非求職になりやすい[注28]。（水落委員）
○育休を取得した男性は，段取り力，マルチタスク力，コミュニケーション力，リスクマネジメント力を増強させ，業務の生産性を高める。そして，育児の大変さやマミートラックの抱える問題への理解が進み，妻を含む女性を応援できるようになり，自己有用感を得，家庭のトラブルを抱えにく

い。家庭の安定は仕事の成果に反映される。(**安藤委員**)
○「(男女を問わず)誰もが安心して笑顔で暮らせる持続可能な未来社会」の実現は,閉塞感をきたしている従来型の男性社会の延長線上では考え難い。(**ゲストスピーカー白土氏**)
○「ワーク・ライフ・バランスに理解のない中高年男性」は未婚女性を「仕事消極」にし,そのような中高年男性の少ない職場では未婚の男女ともに「仕事積極」が多い。(**本田委員**)

(2) 働く場の状況に関する事項

　多くの働く場において「女性の活躍」は手探り状態の課題であるが,イノベーションのために多様な人材の確保に動き出している企業もある。仕事と家庭の両立に理解のない管理職は女性やイクメンを働きにくくしている。ワーク・ライフ・バランスや男性の育児休業取得は働く場にプラス効果をもたらす。
○「女性の活躍」を経営課題に挙げている企業は6割にも上るが,手探り状態であり実行が最も遅れている課題でもある。(**ゲストスピーカー横山氏・加藤氏**)
○企業における女性活躍の課題は,①復職者のモチベーションを高めるための業務量・業務内容,②多様なロールモデルの構築と「見える化」,③営業職等への職域拡大,④組織全体の改革方策,である。(**ゲストスピーカー横山氏・加藤氏**)
○多様な経験や価値観を持ったメンバーがいる方が,イノベーションが起こりやすく,リスク管理の点からも違った意見を言う人材が求められており,多様な人材の確保に動き出している企業もある。(**ゲストスピーカー中野氏**)
○地方では,女性が就きやすい製造業や医療・福祉分野の産業が多く,女性の有業率の高さを支えている。女性が管理的職業に就いている比率は低い。(**水落委員**)
○「ワーク・ライフ・バランスに理解のない中高年男性」は女性の活躍にとって負の影響がある。両立に理解のない中高年男性が多い職場で働く男性は旧ジェンダー意識が強い[注29]。(**本田委員**)
○女性が働きづらい職場はイクメンも働きづらい。両立に理解のない50代の管理職が壁になっている。(**安藤委員**)

○有配偶女性にとって，職場の女性上司は必ずしもロールモデルとはなっていない。（本田委員）
○社内に制度として両立支援策があっても，均等推進にはつながっていない。男性が使うとやる気がないなどとみなされるケースも多い。（ゲストスピーカー中野氏）
○企業はワーク・ライフ・バランスの導入により，従業員の満足度，健康度，意欲の上昇，業績の向上という好循環を得る。（安藤委員）
○男性の育休取得は企業に働き方の見直しの機会を与え，仕事の共有化や見える化を進め，相互理解のある風土に変え，業務の見直しや人材育成につながっている。（安藤委員）

(3) 保育ニーズの多様化，育児環境に関する事項

　女性の有業率に保育所定員が大きく影響し，都市で保育所が不足している。保育ニーズは多様化している。都市では，育児に対する親のサポートが薄く，夫のサポートがうかがえるが，地方ではその逆となっており，都市と地方で様相は異なっている。

○女性の有業率に保育所定員は大きく影響する。（水落委員）
○都市では女性が正規職として働き続けることが難しく，出産・育児のために非求職になりやすく，三世代同居でも有業率はそれほど高くならないと考えられる。（水落委員）
○地方は親のサポートがあり，夫のサポートはなく，公的な保育所が多い。都市では親のサポートや保育所定員が不足しているが，夫のサポートがうかがえる。（水落委員）
○7割超のワーキングマザーが仕事と育児の両立で最も悩むことは病児対応と回答。女性の就業継続を困難にする要因にもなっている。（ゲストスピーカー駒崎氏）
○障害のある子ども，医療的ケアの必要な子どもの保育体制整備が遅れている。（ゲストスピーカー駒崎氏）
○障害のある子どもの保育は母親の就労継続と子どもの自立支援の両面で効果がある。（ゲストスピーカー駒崎氏）

3．研究会における提言

　本田（第3章）は，女性の社会進出と男性の家庭進出は，家計や家族関係を安定させるとともに，子どもの自立促進や子育ての社会化の増大を通じて次世代育成に良い効果がある(注30)としている。安藤（第7章）は，女性活躍と男性の育児参画は表裏一体であるとし，白土（ゲストスピーカー）は，「男性の家政マネジメント全般の主体的推進」が必要とした。

　また，水落（第9章）は，女性の有業率の上昇のためには，保育所定員の増加，性別役割分担意識および女性の待遇（賃金）の改善が資すると分析した。加藤（第1章）も分析に基づき，女性の雇用形態（非正規就業等）の改善や，女性比率の高い業種への人的資本投資の充実の必要性を指摘した。女性の意思決定層への参画に対しては，クオータ制などのポジティブ・アクションが必要とした。さらに，両立支援や女性の活躍促進は出生率を高めることも期待できるとし，女性を含めた若者への支援の拡充を提言している。

　本研究会においてなされたいっそうの女性の活躍のための環境整備にかかる提言を，以下，性別役割分担にかかる意識改革，働き方と評価の改革，育児環境の充実の必要性の大きく3つに分けて紹介する。

(1) 性別役割分担にかかる意識改革

　女性の活躍と男性の家事・育児参画は表裏一体であり，旧来の性別役割分担意識を改革する必要がある。男性の性別役割分担意識が見直され，女性の就業意識が高まる環境が望まれる。男性の性別役割分担意識は，育児休業を取得することで一気に変わる。また，スキルとして学ぶことでも変えられる。

　女性の就労意識向上のための施策は，教育や職業訓練の場に求められる。女性が多様な女性のライフコースを知り，具体的な資格・スキルを得ることが効果的である。なお，もし，女性が旧来の性別役割分担意識の影響だけでキャリア断絶を選択しているのであれば，働き方の違いが女性の老後の経済状況にどのような影響を与えているかに関心を持つことも，性別役割分担意識や就労意識に変化を及ぼす要素となり得る。

　古平（第4章）は，「女性の仕事に対する価値観は初就職前に母親の影響を強く受けている。しかし，母親の価値観が必ずしもこれからの時代と合致した

価値観であるとは限らない。就業前の教育課程において多様な女性のライフコースに触れる機会が重要である」と指摘した。

本田（第3章）は，男女ともに就業意識に対して，自信や「強み」（資格やスキル）が大きく影響しているとした。

水落（第9章）は，地方において女性の非求職の理由として，知識・能力に自信がないことが多くなっている^(注31)，としている。

本田（第3章）は，「特に，今世紀に入って，『コミュニケーション能力』や『問題解決能力』，『グローバル人材』といった，抽象度が高い能力要求が産業界から次々に掲げられてきたが，より具体的で本人にとって取得・保持の確かな実感につながるようなスキル形成の機会を，学校教育内外で社会的に保障してゆくことが，男女いずれもの『活躍』にとって必要条件とされている。」と指摘する。

また，別の視点から，石川（ゲストスピーカー）は，就業構造基本調査に基づき，男女の年齢別の年収分布を示し（図表序-2），「20代では男女の年収分布はさほど変わらないが，30代以降では，女性の年収が200万未満に集中する。30代は女性の正社員数が減少する時期と重なっている。高齢化社会における貧困問題も指摘されつつある中，年収が200万円未満という多数の女性の老後への備えについて，もっと関心が高まってもよい」と指摘した。

多くの女性が，性別役割分担意識によってのみならず，働き方の違いが中長期に及ぼす経済的影響まで考慮した上で，さまざまなライフコースを検討し選択ができる環境となることが望ましい。

なお，性別役割分担意識と就労意識に関する留意事項として，本田（第3章）は，ジェンダー意識が「リベラル」であるが「仕事消極」となっている層が，現状で，有配偶男性の3割，有配偶女性の過半，未婚女性の3分の1を占めていることに基づき，仕事への積極性醸成には課題が残るとした。

(2) 働き方と評価の改革

長時間労働の是正，多様で柔軟な働き方とその評価・待遇の適正化や多様なキャリア・パス形成の推進が重要である。女性の持続的な活躍のためには，適正な評価や待遇は不可欠である。また，働く場において，ワーク・ライフ・バランスに理解がある男性，育児休業を取得する男性，多様な働き方を応援する管理職を増やすことが有効である。

図表序-2　男女の年齢別の個人年収分布（20代，30代，40代）

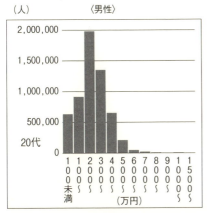
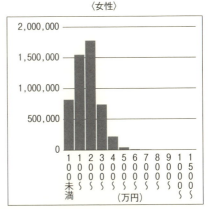
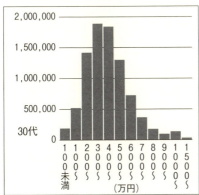
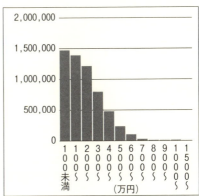
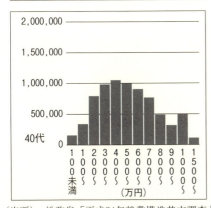
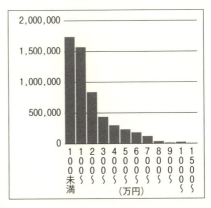

（出所）　総務省「平成24年就業構造基本調査」。

① 長時間労働是正，ワーク・ライフ・バランス

　長時間労働の是正は男女を問わず，健康管理面でも，育児・介護との両立にとっても必要とされている。本田（第3章）の分析では，ワーク・ライフ・バランスはジェンダー意識に関わらず受け入れられている。しかし，日本では長時間労働が昇進率に影響しており（山口（2014）[注32]），なかなか前進が見られない課題でもある（**図表序-2**）。

　安藤（第7章）は，ただただ残業をする「ステイ・ロング」が評価された時代から「ワーク・スマート」への評価に転換し，短時間で成果を出す人を評価し，健康も家庭も守る（過労死や離婚を減らす）ことで社会が「最適化」に向かうとした。政府が国民の働き過ぎ防止や，家庭福祉の問題解決に目を向け，欧州のように「インターバル休暇」や「閉店法」を導入することも考えられるとしている。

② 両立制度の利用の拡大

　日本の育児休業制度は，現状，専業主婦（主夫）の配偶者がいる職員が育児休業を取得することが可能であり，男女が同時に育児休業を取得すること（パパ・ママ育休プラス）も可能である。育児休業給付金の支給率も平成26年4月1日以降に開始する育児休業から引き上げられ，休業開始前の賃金の67％（育児休業開始から180日目まで）となっている。

　スウェーデンでは，育児休業の取得期間が12歳までとなっていて複数に分割可能であったり，父親のみが取得できる日数を設定したり（パパクオータ制）しており（奥・和田・越前（第2章）），これらにならって制度を更に充実させる観点の議論も可能である。しかし，法や制度の整備とは別に，働く場において現実には活用されない・されにくいという問題が存在していることに対しても対処が必要である。

　中野（第6章）は，制度があっても活用している実例が身近にいないことから実際にライフイベントが訪れるまでは存在を知らないであるとか，使っている人に対して厳しい見られ方があるため使いづらいといったことが起きていると指摘する。

　制度を知らない，前例がなく抵抗がある，周囲に遠慮があるなどの理由で制度が活用されない状況は，早急に改善されるべきである。

　一方で，古平（第4章）は，出産・育児・介護支援制度の充実度や利用のし

やすさについて，正規雇用と非正規雇用の間で大きな乖離があることを指摘した。多くの女性が非正規雇用で働く現状を踏まえ，非正規雇用者の支援環境整備が重要であるとしている。

　出産後の両立制度の利用のしやすさは極めて重要である。**横山・加藤（第5章）**は実際の企業からのヒアリングを踏まえ，復職後，モチベーションや個人の考え方について管理職とコミュニケーションを図ることが重要とした。**中野（第6章）**が指摘するようにマミートラックに意欲を削がれる場合もある。育児は1つとして同じものはなく，ワークとライフのバランスの考え方やキャリアアップの考え方もさまざまである。個々人の多様性を踏まえて多くの選択肢が用意され，キャリア形成していけることが重要である。

　育児は，実際にやらないと決して分からないものである。しかし，経験がなくても，多様な働き方を応援し，限られた時間で能力を発揮させるマネジメントはできる。例えば，「イクボス」（男女不問）は，実際に育児経験があるかどうかを条件にしていない。「イクボスの心得」（**安藤（第7章）**）は，多様な働き方を応援し組織の生産性向上に力を尽くすための管理者のスキルとしてまとめられており，育児経験者が自分の経験だけに依拠しがちだったり，生産性の向上を忘れがちだったりすることも防止している。

　仕事と育児を両立するために，また，男性が育児参画するためには，上司が多様な働き方やワーク・ライフ・バランスに理解があるかないかで大きな違いがあるだろう。「イクボス」のような管理職の存在は制度の活用を促す方向に現状を変えるだろう。**安藤（第7章）**は，「イクボス」のいる企業には，優秀な人材が集まり，業績も上がるとし，職員のマネジメントを変えることが，生産性の向上にもつながっているとしている。働く場において，その組織文化が労働者に与える影響はもっと重視されるべきである。

　両立制度を実際に活用する職員がいて初めて働く場におけるマネジメントが変わる。事例を通して実際の管理能力も磨かれる。女性活躍時代に求められる管理職のマネジメント能力は，年功序列・男社会のそれとは異なる。限られた時間で生産性を高めることが要請される。公平・透明でありながら多様性に配慮した評価を行い，個々人の意欲と能力を伸ばす環境が求められる。そのようなマネジメントが可能な組織は，生産性の向上やイノベーションなど，ダイバーシティの恩恵を受けることができるだろう。

③ **多様で柔軟な働き方とその適正な評価・待遇，キャリア・パスの多様化**

　働き方改革として，多様で柔軟な働き方の促進が必要ということはすでに言われてきている。しかし，それだけではなく，適正な評価が同時になされることの重要性を強調しておきたい。テレワーク，フレックス制という多様な働き方の拡充は必要であるが，それぞれの評価や待遇に問題があれば選択されないか，生産性やモチベーションを下げてしまう。つまり，非正規やパートタイム，マミートラックで起きていることと類似の問題を抱える。

　どのような働き方をしても，透明で適正な評価を受けられることが極めて重要であり，フレキシビリティーの高い働き方は，それへの適正な評価・待遇とセットで構築される必要がある。持続的な活躍を期すのであれば，適正な評価と待遇は不可欠である。適正な評価と待遇の積み重ねは，組織の意思決定過程への女性の参画率が高まることにつながるだろう。

　多様で柔軟な働き方とその適正な評価・待遇に関しては，**奥・和田・越前（第2章）**が，同等の仕事に対する1時間当たり賃金を同等とし，労働者自身が勤務時間の短縮・延長を柔軟に決定・選択できるオランダの事例を紹介した。**安藤（第7章）**は，「同一労働同一賃金」「ワークシェアリング」の導入，学卒就職形態の改革（「ジョブ型」採用など）を提言し，**白土（ゲストスピーカー）**は，ダイバーシティ（女性のみならず，外国人，障害者など多様な人材を含む）を前提とした新たな報酬体系の必要性を指摘した。

　平成26年「雇用均等基本調査」において，「女性の活躍を推進する上での取組として必要と考えている事項」として「女性の継続就業に関する支援」に次いで「公正・透明な人事管理制度，評価制度の構築」が挙げられた。**横山・加藤（第5章）**も，男性中心の組織の中での女性への評価・昇進の公平性の確保の必要性を指摘している。女性の活躍を推進することは，組織全体の現状の人事・評価方式を見直すことにつながる。

　また，多くの委員から，多様化する価値観を反映した，キャリア・パスの多様化が必要であると提言された。特に**古平（第4章）**は，20-30歳代の若者が自分らしく生きることを重視していると分析し，若者の視点で新しい働き方を作り上げることも考えられると提言している。経済的自立や社会的地位，自己実現をもたらす重要な手段である仕事について，女性が「女性」という理由だけでその機会や選択の自由を失うことがあってはならない。それは昇格・昇給に関しても同じである。

なお，働く場においては，より本質的には，男女が「若い」うちから仕事と並行して，結婚，出産，育児などを選択でき，キャリア・デザインできるような環境が整えられることが重要であることを付け加えたい。就職後若いうちは仕事を覚えることを優先しがちであり，その中で仕事か家庭かの二者択一を求められれば，男女ともに結婚，出産，育児という選択肢から遠ざかる。働く場の硬直的なルールや先入観が，結婚・出産などに対する行動に影響する可能性がある。多様なキャリア・パスの選択や自らの視点でのキャリア・デザインが可能であって，その評価も適正になされる環境が整えば，若いうちから仕事と並行して，結婚，出産，育児も選択しやすくなるだろう[注33]。

(3) 育児環境の充実の必要性

ノーベル経済学賞を受賞したシカゴ大学のジェームズ・ヘックマン教授が，40年以上にわたる追跡調査の結果から，非認知能力（自尊心や自制心など）の重要性やそれを就学前に育てることの重要性を指摘したことはよく知られている。幼児期における教育が犯罪の減少や所得の増大などの社会的・経済的効果を有するとの研究も数多くなされている[注34]。

幼児教育については，日本でも2006年（平成18年）教育基本法改正によりその法的位置づけが明確化[注35]された。諸外国においては，どのような幼児教育が効果が高いのかといった研究がなされ，多くの国で幼児教育の強化がなされている。例えば，奥・和田・越前（第2章）が紹介したように，スウェーデンでは，保護者の状態に関わらずニーズのある全ての子どもに就学前の保育・教育の機会を提供している。スウェーデンでは，国民の生産性，幸福度いずれも高い。日本においても，人材育成の重要性に鑑み，ライフサイクルを通じて，どの段階でどのような投資が行われることが有効かを中長期の観点で議論することがもっと行われてもよいだろう。

OECD（2005）は，「貧困と不平等は，人的資源，機会，人生のチャンスを活用できていない非効率的な社会の表れである。」「対症療法的な，補償を目的とした過去のアプローチと一線を画すということは，人々への投資を重視するということであり，それにより，人々が自らの能力を最大限発揮し，独立し，自立した個人として社会のメンバーになれるようにする」政策が必要としている。そして，OECD Japan Policy Brief（2015）は，「日本における幼児教育と保育に対する公共投資は2011年時点でGDPの約0.5％であり，これはデンマー

ク，アイスランド，スウェーデンの水準の約4分の1に過ぎない。」「幼児教育・保育および学童保育に対する投資をこれまでの計画以上に増やすとともに，このような支援が低所得家庭に届くようにすべき」とした。

本研究会では，加藤（第1章）が，政府は，少子・人口減少に対して適切な危機意識を持ち，中長期ビジョンを持って家族関係社会支出を充実させていく必要があるとしている。

育児サービスは，現在の就労者の仕事と育児の両立を支える機能のほか，次世代を育成する機能も持つ。さらに，格差解消といった課題にも効果を生み出し得る。

① 育児支援の量的・質的充実

水落（第9章）は，女性有業率の上昇に，保育所定員の増加が大きく影響するとした。

消費税を財源とした「子ども・子育て支援の充実」が行われている。待機児童については2017年度（平成29年度）末までの解消が目指されており，保育所の受け入れ人数の拡大に加えて，小規模保育，幼稚園の長時間預かり保育などが推進されてきた。育児休業中の経済支援も強化された。2015年（平成27年）4月からは「子ども・子育て支援新制度」がスタートし，認定こども園の普及促進，利用者支援（地域の子育て支援事業等の情報提供・相談支援），放課後子ども総合プランなどの事業が行われている。保育サービスへの参入について認可基準を客観化し公費で支援する保育所などの数を抜本的に増やすほか，生活保護世帯，ひとり親世帯，多子世帯の保育料の軽減も行われている。

新たな企業主導型保育施設の整備や病児保育事業の拡充，ベビーシッター利用者支援事業の開始も予定されている（2016年度（平成28年度）事業主拠出金財源）。

「子ども・子育て支援新制度」は，全ての子どもと子育て家庭を対象に，量の拡充と質の向上を目指して市町村が実施主体となって行われている。2015年（平成27年）4月時点の全国の未就学児の保育所・こども園在籍率は37.5％[注36]にもなっている。今後も数は増すだろう。保育サービスは，教育投資効果の最も高い時期の教育機能をも期待される。改革が質の向上を含んでいることは非常に重要なことである。

本研究会では，さらに保育ニーズの多様性についても報告された。

駒崎（第8章）は，待機児童問題のほかにも，社会的な取り組みが遅れている「病児保育」と「障害児保育」の2つの問題に早急に取り組むべきと指摘し，担い手である保育士等の確保のためには処遇改善が必須とした。「病児保育」の普及のためには，担い手拡大の点で「訪問型」が有効であり，公的補助は利用者に行う方法を普及すべきと実務経験に基づき提言した。

子どもが病気の時に，移動を伴わず慣れた自宅で対応する「訪問型」の利便性・安心感は高い。駒崎氏の提供する「訪問型病児保育」の内容をみると，急な依頼が可能で，子どもの体調変化にも対処するようになっており，保護者が抱える不安にきめ細かに対応している。利用者に補助を行う方法は，こうした利用者目線に立った民間の創意工夫によるサービスの創出・普及を促す機能もある。さらに，課題の多い「障害児保育」についても，駒崎氏は民間でありながら，保護者が就労を継続するために十分な保育サービスを創り出した。保育サービスの充実については，自治体においても，公園や大学の敷地を活用した保育所整備を始めるなどの知恵が出されているが，社会的課題を解決するために，官民にある知恵や資源が，もっと柔軟かつ十分に活かされてもよいだろう。

保育所保育が必要な子どもは障害の有無に関わらず地域の保育所等に入ることができる(注37)。しかし，現状は，障害がある場合には，加配の検討等のために通常にはない確認や手続きを求められることも多く，入園できないこともあるなど課題が多いのが実態である。さらに，医療デバイスをつけているなど医療的ケアが必要な場合は課題が多い。子どもに障害があっても親が職を失うことのない環境の整備が急がれる。「子ども・子育て支援新制度」に，障害・疾病のために居宅で1対1の保育を行う居宅訪問型保育が含まれたところであるが，障害等が個々に多様であることを踏まえ，集団保育のケースも含めて，各種規制の見直しも視野に入れ，利用者の立場に立った視点でいっそうきめ細かに検討される必要がある。就学後の環境整備（小1の壁）についても同様である。

駒崎（第8章）は，「障害のある子どもの保育は，母親の就労継続と子どもの自立支援の両面で効果がある。医療的デバイスが必要だった子どもが，保育の刺激によりそれを必要としなくなり，一般の保育園に移った例もある。医療的ケアが必要な子どもが，今後も医療的ケアが必要な状態であり続ける場合と，発達して普通の保育園に通うことができる場合とでは，将来的に生じる医療費等の負担は大きく異なる。医療的ケアが必要な子どもの早期支援は，本人や家

族だけでなく，中長期的な社会的負担からみても重要である。また，長時間保育が可能になったことで，母親もフルタイムの仕事を継続でき，家計の経済状態も維持される。」とする。

　子どもは誰しも大きな可能性を秘めている。また，多様な能力を活かす社会に向けて，子どもの環境が多様性に満ちていることは重要である。子どもの頃から，性別・年齢はもちろん，障害の有無も問わないインクルーシブな環境にあることは，ダイバーシティを当たり前のものとしてとらえる上で価値があると，もっと認識されてもよいだろう。

② 　家族と地域の支え合い機能

　世帯の状況[注38]はこの30年間で大きく変化してきている。1986年（昭和61年）は「夫婦と未婚の子のみの世帯」の割合が最も高く（41.4％），「三世代世帯」も15.3％存在していたが，2013年（平成25年）には，「夫婦と未婚の子のみの世帯」29.7％，「単独世帯」26.5％，「夫婦のみの世帯」23.2％となり，「三世代世帯」割合（6.6％）は，「ひとり親世帯」割合（7.2％）より少なくなった。なお，三世代同居率は都市部で低く，東北地方で高い傾向にあるなど，地域によって大きく異なっている[注39]。

　平成27年の少子化社会対策大綱に，世代間の助け合いを図るための「三世代同居・近居の促進」の支援が盛り込まれた。平成28年度予算・税制改正においては，三世代同居に対応した住宅の新築やリフォームに対する支援措置が設けられている。若年層の取り込みを目指す自治体では近居助成制度を創設する動きがみられ，UR都市機構（独立行政法人都市再生機構）による「近居割」（家賃割引）の拡充も行われている。女性の活躍という観点からは，現状，親の支援が得られにくく，保育所定員が不足している都市部における動向・効果がポイントとなろう。

　安藤（第7章）は，「時代にそぐわない男女の役割分担，家庭内の男女不平等が離婚を増加させ，ひとり親家庭における貧困・格差を生み出す。この構造を変えないと，児童への虐待が多発したり，家庭で育てられなくなった子どもたちを保護・養育する社会的養護の予算が無尽蔵に増えてしまう。また，働き過ぎによる病気や過労うつが医療費を増大させていることなど，弊害は多岐にわたる。そうした社会コスト（国家予算）を知らず知らずに増やしている根本原因にそろそろ気づいて改善していくべき」と指摘する。

家族や地域の支え合い機能の低下が懸念されている中で，支え合いの好循環を作り出す場や施策への期待は高まる。例えば，全ての子どもを対象に市町村が実施主体となって行う「放課後子ども総合プラン」[注40]には，地域住民や大学生等の協力を得て行われる学習支援や体験活動などが含まれている。地域の高齢者が役割を持つことや子どもと接することは高齢者自身の健康保持にとってもメリットがある。子どもにとっても，多様な人々に接する環境は価値がある。さらには，ひとり親の子どもたちが抱える問題が経済的問題だけではないこと[注41]にも応え得るかもしれない。

4．次世代につなぐ環境作り

　本研究会でなされた多様な委員からの報告・知見は，以上の通り整合的であった。女性のいっそうの活躍は，男性のいっそうの家事・育児参画と表裏一体であり，それは次世代，すなわち子どもたちの育成にも良い効果がある。いっそうの女性の活躍のためには，旧来の性別役割分担意識の改革がなされ，男女が育児経験を共有できるようになることが重要である。働く場はそれを実現するために，多様で柔軟な働き方を用意しその適正な評価・待遇を行うことが必要とされている。そして，子どもたちには人格形成の基礎を培う重要な時期にふさわしい環境が整備されることが望まれている。

　女性の活躍の仕方は雇用された立場での活躍にとどまらず，さまざまであることはもちろんだが，「女性の活躍」への働く場の影響は大きい。目下，仕事と家庭の両立に理解のない上司（男女不問）は女性やイクメンを働きにくくしている。働く場は，ライフサイクルにおいて教育や人材投資等によって育まれた個々人のあらゆる多様な能力が，性別等に関わらず十分発揮される環境であることが望まれる。活躍のためには，適正な評価と待遇は不可欠である。女性の活躍の推進のためには，組織全体の現状の人事・評価方式を見直すことが必要である。限られた時間で生産性を高めることを重視し，公平・透明でありながら多様性に配慮した評価を行い，個々人の意欲と能力を伸ばす環境が求められる。このような要請は，人口減少の中で生産性の向上が必須であることと整合的である。評価を変えることは，働き方や管理職の意識を変えることに影響する。適正な評価と待遇の積み重ねは，組織の意思決定過程への女性の参画率が高まることにつながるだろう。

人口減少，超高齢化のほか，今後も産業構造の変化，グローバル化，技術革新などによって人々の生活や働き方は大きく変化していくだろう。女性がいっそう活躍できる環境作りは，大きく変化する社会にしなやかに対応する環境作りであり，多様な能力を活かす社会への進化に通じる。社会の持続性や生産性の向上のために，何が好循環をもたらすのかが的確に把握されることが重要である。

注

1　厚生労働省「平成26年版働く女性の実情」
2　山本（2014）
3　15歳以上人口のうち，就業者と完全失業者を合計した人口。総務省「労働力調査平成27年（2015）平均（速報）結果」
4　厚生労働省「労働市場分析レポート『福祉分野の雇用動向について』」（平成25年10月29日）
5　総務省「平成22年国勢調査」
6　厚生労働省「平成23年度全国母子世帯調査」
7　厚生労働省「平成25年国民生活基礎調査」
8　総務省「平成23年社会生活基本調査　生活時間に関する結果」
9　World Economic Forum"Global Gender Gap Report 2015"．：世界経済フォーラムが発表している，各国における男女格差を測る指数。経済，教育，政治，保健の4つの分野のデータから作成されている。
10　OECD（2014）Education at a Glance
11　労働力率は，15歳以上人口に占める労働力人口（就業者＋完全失業者）の割合。
12　内閣府「平成27年版男女共同参画白書」
13　OECD.Stat
14　総務省「労働力調査平成27年（2015）平均（速報）結果」
15　内閣府「平成27年版男女共同参画白書」
16　OECD "Japan Policy Brief" APRIL 2015
17　厚生労働省「平成27年賃金構造基本統計調査」
18　内閣府「平成27年版男女共同参画白書」
19　厚生労働省「平成26年度雇用均等基本調査」，人事院・総務省「平成25年女性国家公務員の登用状況及び国家公務員の育児休業の取得状況のフォローアップ」
20　内閣府「平成27年版男女共同参画白書」
21　世界銀行の調査結果に基づく。
22　ゴールドマン・サックスのレポートに基づく。
23　「女性が日本を救う（Can Women Save Japan？）」（2012年10月 IMF の WP）に基づく。

24 UNDP 人間開発報告書（1995）では「社会的・文化的につくりあげられた性別をジェンダーという。」とされている。WHO は，「Gender は，特定の社会が男性及び女性にふさわしいと考える社会的に構築された役割，態度，行動，属性を指す」としている。
25 本田（第3章）による分析では，男性では「保守」が有配偶男性クラス1（43.3％），無配偶男性クラス2（45.5％）となっており，女性では「保守」が有配偶女性クラス3（19.2％），無配偶女性クラス3（31.1％）となっている。
26 子どもを持つ母親が，残業が必要ないが責任の軽いキャリア・コースに置かれること。（執筆者注：仕事と育児の両立がしやすく，多様な働き方の実現につながるとの見方がある一方，育児は母親の役割だという性別役割分担意識や働く場の男女不平等を助長するとの見方や，補助的業務を割り当てられたり昇進・昇給から縁遠くなることで，モチベーションが低下しキャリア形成をあきらめたり離職につながることもある，とされている。）
27 多様な働き方を応援し組織の生産性向上に力を尽くす上司。
28 ただし，地方圏では仕事に就きやすいことを考えると，それでも仕事のない女性が対象であることには留意が必要。（水落（第9章））
29 本田（2014）「プラチナ構想ネットワーク女性の活躍 WG」調査結果。
30 本田（2014）「プラチナ構想ネットワーク女性の活躍 WG」調査結果。
31 ただし，地方圏では仕事に就きやすいことを考えると，それでも仕事のない女性が対象であることには留意が必要。（水落（第9章））
32 山口（2014）は，ホワイトカラー正社員の男女の所得格差が年齢につれて拡大する傾向は，職階格差の増大でほとんど説明できる。長時間労働の男女差が管理職割合の男女格差を生み出しているのは日本特有のことと指摘している。
33 妊娠・出産の医学的・科学的知識の普及率は，先進国平均で64％のところ日本は34％（2009年）にとどまっており，2015年3月「少子化社会対策大綱」に「妊娠・出産の医学的・科学的に正しい知識の教育」が盛り込まれ，今後知識普及に努めるとされている。最近では「男性不妊」や「卵子の老化」，「不妊治療の女性への負担」などが報道されている。
34 文部科学省「幼児教育の無償化の論点」（平成21年3月30日）
35 教育基本法（抄）（幼児期の教育）第11条「幼児期の教育は，生涯にわたる人格形成の基礎を培う重要なものであることにかんがみ，国及び地方公共団体は，幼児の健やかな成長に資する良好な環境の整備その他適当な方法によって，その振興に努めなければならない」
36 平成27年4月保育所・こども園の利用児童数234万人（厚生労働省「福祉行政報告例」）／平成27年4月未就学児数624万人（総務省統計局「我が国のこどもの数」）。
37 児童福祉法第24条「市町村は，この法律及び子ども・子育て支援法の定めるところにより，保護者の労働又は疾病その他の事由により，その監護すべき乳児，幼児その他の児童について保育を必要とする場合において，次項に定めるところによるほか，当該児童を保育所（認定こども園法第3条第1項の認定を受けたもの及び同条第9項の規定による公示がされたものを除く。）において保育しなければならない」
38 厚生労働省「平成26年グラフでみる世帯の状況　国民生活基礎調査（平成25年）の結果から」

39 総務省「平成22年国勢調査」
40 「子ども・子育て支援新制度」に含まれる施策。
41 稲葉（2012）「家族の変動と社会的階層移動」において，離婚・再婚家庭において子の教育達成が低いことを示した。不安定な家族構造がなぜ子どもの低い教育達成を招くのかについては，貧困を原因とする「剥奪仮説」だけでなく，不完全な養育が原因となる「ペアレンティング仮説」，「家族ストレス仮説」などの仮説があるとし，核家族化の上，共働き世帯が増加し，家族の形態の変化に対応した育児環境の整備が求められると指摘している。

参考文献■

稲葉英明（2012），「家族の変動と社会的階層移動」。
厚生労働省（2011），「平成23年度全国母子世帯調査」。
厚生労働省（2013），「平成25年国民生活基礎調査」。
厚生労働省（2013），「労働市場分析レポート『福祉分野の雇用動向について』」。
厚生労働省（2014），「平成26年版働く女性の実情」。
厚生労働省（2014），「平成26年度雇用均等基本調査」。
厚生労働省（2014），「平成26年グラフでみる世帯の状況　国民生活基礎調査（平成25年）の結果から」。
厚生労働省（2015），「平成27年賃金構造基本統計調査」。
厚生労働省（2015），「福祉行政報告例」。
人事院・総務省（2013），「平成25年女性国家公務員の登用状況及び国家公務員の育児休業の取得状況のフォローアップ」。
総務省（2010），「平成22年国勢調査」。
総務省（2011），「平成23年社会生活基本調査」。
総務省（2012），「平成24年就業構造基本調査」。
総務省（2015），「労働力調査平成27年（2015）平均（速報）結果」。
総務省（2015），「統計トピックス No.89　わが国の子どもの数」。
内閣府（2015），「平成27年版男女共同参画白書」。
内閣府（2015），「少子化社会対策大綱」。
本田由紀（2014），「『女性の活躍』に関する社会調査結果」，プラチナ構想ネットワーク女性の活躍 WG。
　　http://platinum-network.jp/pt-taishou2014/doc/140722_wg.pdf#search='%E6％9C%AC%E7％94%B0%E7％94%B1%E7％B4％80+%E3%83%97%E3%83%A9%E3%83%81%E3％83％8A（2016．2．2閲覧）
文部科学省（2009），「幼児教育の無償化の論点」。
山口一男（2014），「ホワイトカラー正社員の男女の所得格差─格差を生む約80％の要因とメカニズムの解明」。

山本勲（2014），「上場企業における女性活用状況と企業業績との関係—企業パネルデータを用いた検証」．

APEC（2011），「女性と経済サミット」におけるクリントン国務長官講演（2011年9月16日）．
http://japanese.japan.usembassy.gov/j/p/tpj-20111117b.html（2016．2．2閲覧）

IMF（2014），「女性が輝く社会に向けた国際シンポジウム」における「女性の社会進出が持つ経済パワー」クリスティーヌ・ラガルド国際通貨基金（IMF）専務理事発言（2014年9月12日）．
https://www.imf.org/external/japanese/np/speeches/2014/091214j.pdf#search='%E6%BD%9C%E5%9C%A8%E6%88%90%E9%95%B7%E7%8E%87+%E3%83%A9%E3%82%AC%E3%83%AB%E3%83%89%E5%B0%82%E5%8B%99%E7%90%86%E4%BA%8B+%E5%A5%B3%E6%80%A7'（2016．2．2閲覧）

OECD（2005），"Extending Opportunities: How Active Social Policy Can Benefit Us All *Summary in Japanese*".（「機会拡大：積極的な社会政策は，いかに我々の役に立つか（日本語要約）」）．

OECD（2014），"Education at a Glance".

OECD（2015），"Japan Policy Brief" APRIL 2015 OECD Better Policies Series.
http://www.oecd.org/policy-briefs/japan--greater-gender-equality-for-more-inclusive-growth_JP.pdf#search='Japan+Policy+Brief+ORGANISATION+FOR+ECONOMIC+COOPERATION+AND+DEVELOPMENT+APRIL+2015+OECD+Better+Policies+Series（2016．2．2閲覧）

World Economic Forum（2015），"Global Gender Gap Report 2015".

■第1章
求められる女性活躍とその課題

加藤　久和

　女性活躍が必要な理由として，人口減少下での労働力人口不足への対応，女性の多様で柔軟な生き方の支援，両立支援策などと関連した社会の持続可能性の確保，グローバル社会への対応などがある。本章では，こうした視点から，女性活躍の必要性や現状，課題などを議論している。

　女性活躍は安倍政権下の成長戦略の一環として注目を集めているが，その必要性については男女共同参画社会の実現と併せて以前から議論されてきた。2013年に「日本再興戦略」が策定され政策対応が加速されると，2015年8月には企業の女性活躍を促すために女性活躍推進法が制定されるなど，新たな局面が展開されている。

　女性活躍という言葉には多様な意味が含まれるが，本章ではこの言葉を，「政治・経済・社会でのさらなる活躍を促すこと」，「労働市場における量的・質的改善を行うこと」，「少子化対策としても有効な両立支援を促進すること」ととらえ検討を行っている。

　女性の置かれている現状と課題については，賃金や企業役員の男女格差の視点からこの問題を整理し，さらに国際比較の視点からもこれらの点を論じている。

　労働力人口不足が懸念される中，これまで以上に女性の労働供給が期待されるが，女性活躍だけで労働力人口を補うことは難しい上，非正規就業者の増加など労働の質的側面の改善も求められる。M字カーブは解消されつつあるが，その実情は非正規就業の増加であり，正規雇用の増加による労働力率上昇への寄与は小さい。生産性に関しては，女性就業者比率が上昇している業種ほど，全要素生産性上昇率が低いことが観測された。

　女性活躍への支援と少子化対策に関しては，OECD諸国のパネルデータ分析から，女性の労働力率の上昇と出生率の改善が同時に進行していることや，ジェンダー開発指数で表される女性活躍の促進が出生率を改善する可能性を持つことが示されている。

　女性活躍が求められる背景には，労働力人口不足への対応という量的な側面のみならず，女性が多様で自分にあった生き方を可能とする環境整備の遅れという質的な側面がある。女性を含めた若者への支援を拡充するためには，高齢者向けに偏重する社会支出を変える構造的な改革を行う必要がある。

1. 女性活躍を巡って

　女性活躍は，安倍政権が成長戦略の柱の1つとして掲げたことから注目を集めているが，その重要性は以前から議論されてきたものでもある。しかし，昨年（2015年）成立した「女性活躍推進法」をはじめ，具体的な取り組みが始まったことは大いに評価してよいと考える。もちろん，「女性」活躍とあえて強調すること自体が問題だとする見方や，そもそも活躍を希望しない女性もいるといった指摘もあるが，女性を巡る諸問題に脚光を当て，その解決策を探ることは，本格的な人口減少社会に突入したわが国にとっては不可避なものである。

　ではなぜ，女性活躍が必要なのか，という点を以下の4点から整理しておきたい。なお，それぞれの詳細については以下の節で議論する。

　第1に，人口減少下での労働力人口の確保が挙げられる。持続的な経済成長にとって，労働力人口の確保は重要な課題である。年平均の労働力人口は1998年にすでにピークを迎え，中長期的にみればその後緩やかな減少局面に入っている。今後，労働力率[注1]が変わらなければ，生産年齢人口の減少とともに労働力人口の減少は加速する。そのため，高齢者の活用とともに女性の労働市場へのさらなる進出が期待される。しかしながら，量的な視点で労働力人口をかさ上げするだけでは，女性活躍の真の意味とはならない。

　第2に，女性の多様で柔軟な生き方への支援が必要とされていることが挙げられる。高度経済成長以来の日本型雇用システムの下では男性中心の働き方が主流であった。いわゆる伝統的家族観にあっては，専業主婦世帯が代表的な世帯類型であり，こうした見方は現在においても，公的年金のモデル世帯に反映されるなど根強いものがある。1970年代中盤以降，高学歴化とともにキャリアを志向する女性が増加すると，女性の労働力率も高まってきたが，出産・育児と就業の狭間でその希望を十分に満たせない者や，非正規で就業せざるを得ない女性もいまだに多く存在する。すなわち，働き方の質の面からみれば，女性が望む就業機会はまだまだ限られているといえる。このような意味からも，多様で柔軟な女性の生き方を支援する必要がある。

　第3は，社会の持続可能性確保のための両立支援が少子化対策と整合的であるという視点だ。結婚・出産・育児と就業との選択を迫られる女性はいまだに

多く存在する。就業希望の女性が，育児等を理由に就業を諦めざるを得ない場合，就業を諦めることで生じる逸失所得が子どもを持つことの機会コストとなり，こうした機会コストの高さが少子化をもたらした一因となっている。両立支援により，女性が育児と就業との選択を迫られずに活躍できる社会を実現し，これが出生率の改善につながれば，日本社会の持続可能性を確保することにつながる。

第4は，グローバル社会への対応である。後述するように，日本の女性の立場は労働・雇用の側面のみならず，社会進出や所得分配，その他の側面において男性との格差（gender inequality）が存在する。男女格差の状況は，諸外国と比較しても見劣る点が大きく，先進国として早急に改善すべき点であろう。グローバル化の潮流の中で，今後諸外国との結びつきがいっそう深まり，雇用等において共通の土俵で競争する際にも，このような格差は解消すべきものと考えられる。

この章では以上の点を踏まえつつ，求められる女性活躍の姿とその課題について整理してきたい。

2．女性活躍の政策対応と意義

女性活躍には多様な意味や定義が含まれる。最初に，女性活躍が注目されるきっかけとなった政策対応や，女性活躍について具体に何を検討すべきか，という点を取り上げる。

(1) 女性活躍の政策対応

女性活躍というキーワードが注目を集め始めたのは，安倍政権による成長戦略以降である。もちろん，女性の労働参加と育児等との両立支援，男女によるさまざまな格差の存在などは，安倍政権誕生以前から議論されてきたことである。ここでは安倍政権以前と以降を分けて，女性活躍の政策対応について簡単にふりかえる。

① 男女共同参画社会基本法と女性活躍

1999年に施行された男女共同参画社会基本法は，性別にとらわれることなく，個性と能力を十分に発揮できる社会を実現するために制定された。同法は「政

策・方針決定過程への女性の参画の拡大」や「雇用等の分野における男女の均等な機会と待遇の確保」などをその柱としている。2003年には男女共同参画推進本部によって「2020年までに，指導的地位に女性が占める割合が，少なくとも30％程度になるよう期待する」という決定が行われた。その後，2005年に第2次男女共同参画社会基本法，2010年に第3次男女共同参画社会基本法が成立し，仕事と家庭生活の両立支援や働き方の見直し，あるいは男女の仕事と生活の調和といった政策目標が重視されるようになった。

また，内閣府「男女共同参画白書」（平成22年版）では「女性の活躍と経済・社会の活性化」を特集しており，そこでは「政策・方針決定過程への女性の参画の拡大」「就業分野における男女共同参画」および「仕事と生活の調和（ワーク・ライフ・バランス）」が中心的なテーマとなっている。

以上のように，女性活躍に関しては安倍政権が発足する以前からすでに，女性の社会進出支援，労働市場における男女の格差是正，そして両立支援など冒頭で掲げた論点が取り上げられていた。

② アベノミクスと女性活躍

女性活躍がさらに注目され始めたのは，安倍政権がアベノミクスの第3の矢である成長戦略に絡み，人材の活躍強化の一環として「女性が輝く日本！」を掲げたことからであろう。企業における管理職への女性の登用や，両立支援のための保育所整備などが具体的な目標として提示された。数値目標の設定など，成果の見える化も強調されている。

2013年6月に策定された「日本再興戦略」では，雇用制度改革・人材力の強化として「女性の活躍推進」が掲げられ，「両立支援に取り組む企業に対するインセンティブ付与」や「女性のライフステージに対応した活躍支援」などが主要な骨子となった。また，2014年6月の「日本再興戦略　改訂2014」においても，女性の活躍促進と働き方改革として「育児・家事支援環境の拡充」や「女性の活躍推進に向けた新たな法的枠組みの構築」などが取り上げられ，これらは2015年6月の「日本再興戦略　改訂2015」にも引き継がれた。

加えて，全ての女性が輝く社会を目指して「女性活躍加速のための重点方針2015」が示されている。その主要な柱立ては，1）女性参画拡大に向けた取り組み，2）社会の課題解決を主導する女性の育成，3）女性活躍のための環境整備，4）暮らしの質向上のための取り組み，等となっている。さらに，2015

年12月には女性活躍のさらなる促進を狙い，第4次男女共同参画基本計画が策定された。

③ 女性活躍推進法の成立

2015年8月には企業における女性活躍を促すために，「女性の職業生活における活躍の推進に関する法律（女性活躍推進法）」が制定され，2016年4月以降，労働者301人以上の企業は，女性の活躍推進に向けた行動計画の策定などが義務づけられることとなった（300人以下の企業は努力義務）。その趣旨は，企業における女性活躍の見える化を促進することにある。

女性活躍推進法の下で各企業は，1）女性採用比率，2）勤続年数の男女差，3）労働時間の状況，4）女性管理職比率等を調査し，その定量的な目標や取組内容を記した「事業主行動計画」を策定・公表することとなっている。また，国は職業訓練・職業紹介，啓発活動，情報の収集・提供等を，地方公共団体は，相談・助言等を担う。

(2) 女性活躍が意味するもの

ここまでの政策対応と女性活躍の中身を踏まえ，女性活躍の定義をいま一度整理する。

女性活躍が意味する内容は多岐にわたるが，その主要な柱は，女性の社会参画の拡大や労働市場における男女格差是正，就業や出産・育児等の両立支援あるいはワーク・ライフ・バランスなどとなる。

日本は依然として，女性の政策・方針決定過程への参画が遅れている。内閣府の「第3次男女共同参画基本計画における成果目標の動向」によれば，2014年時点における衆議院議員の候補者に占める女性の割合は16.6％，国の本省課室長相当職以上に占める女性の割合は3.3％，国の指定職相当に占める女性の割合は2.8％であった。民間企業においても，課長相当職以上に占める女性の割合はわずか8.3％である。このような，女性の政策決定や企業経営への関与は限られている。さらに，言論や研究等におけるリーダー的役割を担っている女性も少なく，政治・経済・社会でのさらなる活躍を促すことが，女性活躍の第1の意味となろう。この点については，どれだけの目標数値を掲げるかもポイントとなるが，諸外国との比較の中で相対的な位置づけを知り，その上で課題を解決することが求められる。

人口減少に直面する日本では，労働市場において女性が果たす役割は大きい。しかしながら，2000年代以降，女性の労働力率（年齢計）は50％の壁を越えられないまま低迷し，また非正規雇用の比率も年々上昇しており，雇用の量・質ともに改善の余地がある。男女の賃金格差の是正も進んでいるとは言えず，男女間の経済格差をもたらす要因と考えられる。したがって，女性活躍の第2の意味は労働市場における量的・質的改善にあるといってよいだろう。

女性の経済社会や労働市場への量的な進出のみを目的とするのでは，多様な生き方や働き方を実現することに直接結びつくとはいい難い。働き方のフレキシビリティーを高め，ワーク・ライフ・バランスなどの生活の質の改善を進めることも女性活躍の重要な視点となろう。その結果，就業と出産・育児の両立支援が実現されれば，これは少子化対策としても有効となる。これが女性活躍の第3の意味となる。

もちろん，社会全般の規範として「活躍」に対するネガティブな意識を持つ個人も多い。専業主婦志向や，ほどほどの就業を希望する女性も少なくないが，女性活躍はそうした個人をないがしろにするのではなく，それぞれの多様な人生を実現するための環境整備としてとらえるべきであろう。また，企業等における女性の経営層に占める割合等の数値目標が逆差別であるとの指摘もある。民間企業の経営層の30％を女性とする目標では，能力に関わらず昇進する女性がいる一方で，昇進を逃す男性もいるなどの指摘がある[注2]。しかしこれについても，合理的な企業行動を想定すれば，能力のない女性を数値目標達成のためにだけ昇進させるとは考えにくい。

いずれにせよ，女性活躍は多様な意味を持ち，かつ議論の尽きない問題であるが，以下，本章ではより客観的な視点（データによるエビデンス）から上記で示した女性活躍の3つの論点を検討していきたい。

3．女性の置かれている現状と課題

この節では，女性の置かれた現状と課題について簡潔に整理する。最初にいくつかの指標からみた男女間格差について検討し，次いで国際比較に基づく日本の女性の置かれた現状を示す。

(1) 諸指標からみた男女格差

女性の経済社会での立場や報酬などに関する男性との格差については，多様な指標があるが，ここでは，①教育・賃金，②政治・企業経営等への参画，に対象を絞って紹介する。

① 教育・賃金格差

経済的格差を議論する場合，賃金や所得等を取り上げるが，経済格差が生じる背景には学歴の格差もある。特に，大学・短大以上の高等教育機関を卒業したかどうかという点は大きい。

文部科学省「学校基本調査」から，大学（学部）・短期大学（本科）への進学率（過年度高卒者等を含む）をみると，近年は男女間に大きな差はなく，2015年度では男子が56.7％，女子が56.9％と，女子の方が男子を上回ってさえいる。しかしながら，以前は男女間の進学率格差は大きく，1955年では男子が15.0％であるのに対し女子は5.0％，1975年はそれぞれ43.6％，32.9％であった。進学率格差が縮小したのは1980年代の終盤以降で，このころには全体の進学率は50％近くまで上昇した。その背景には，大学等高等教育機関の増設による，高等教育の供給増加などが考えられる。

学歴の格差について確認する。総務省統計局「国勢調査」によると，2010年度における15歳以上人口に占める大学・大学院卒業者の割合は男女計で17.3％であったが，男性が24.8％であるのに対し女性は10.4％であった。これは過去の学歴格差を反映しており，近年の男女の進学率格差縮小の効果がまだ弱いことを意味する。

次に賃金の格差を確認する。厚生労働省「平成26年賃金構造基本統計調査」によれば，産業計企業規模計における一般労働者（年齢計）の男性の平均賃金（決まって支給する現金給与額・月額）は，男性が365.7千円であるのに対し女性は255.6千円であり，男性を100とすると女性は69.9と，およそ7割に過ぎない。この男女の賃金格差は学歴によってさらに広がる。

図表1－1は男女別の学歴（大卒・大学院卒と高卒）の賃金プロファイルを描いたものである。これをみると，同じ学歴でも男女間には大きな差があり，さらに学歴格差が加わるとその差は大きく開くことが確認できる。また，大卒・女性と高卒・男性の賃金はほぼ同じプロファイルをたどり，男女間の賃金

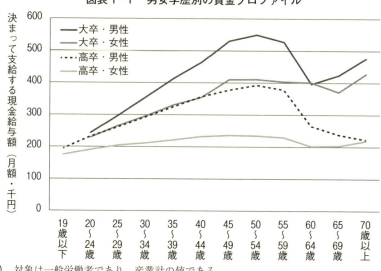

図表1-1　男女学歴別の賃金プロファイル

(注) 対象は一般労働者であり，産業計の値である。
(出所) 厚生労働省「平成26年賃金構造基本統計調査」。

格差はちょうど学歴間の賃金格差に等しくなっていることが分かる。大卒・男性の賃金が最も高い50〜54歳の賃金を100とすると，大卒・女性が74.7，高卒・男性が71.4，また高卒・女性は42.6にとどまっている。

② 政治・企業経営等への参画

政治や行政などの分野におけるリーダー的地位にいる女性の割合は依然として低い（以下，内閣府（2015）による）。例えば，衆議院における女性の国会議員の割合は9.5％，参議院でも15.7％にとどまる。地方政界にあっても，市議会における女性議員の割合は13.2％であり，4割近い町村議会では女性議員が不在である（いずれも2014年12月現在）。また，行政にあっても国家公務員の本省課室長相当職以上に占める女性の割合は3.3％に過ぎない。

地方ではいまだに政治分野における男性重視の傾向が強いため，地方政界における女性議員は少なく，これが国レベルでの女性衆議院議員の少なさにつながっていると考えられる。後述するように，国際比較でみても日本の国会議員に占める女性の割合は低い。諸外国においても，国会相当の議員における女性の割合は近年上昇しつつある[注3]。その背景には，アファーマティブ・アク

ションもしくはポジティブ・アクションの考え方の下で，女性のためのクオータ制をとる国が増えてきたことが挙げられる。このクオータ制には，1）議席割当て（Reserved seats），2）候補者割当て（Legal candidate quotas），3）政党内割当て（Political party quotas）がある。

企業の経営層においても女性の割合は少ない。厚生労働省の「平成25年度雇用均等基本調査」によれば，課長相当職以上（役員含む）に占める女性の割合は，常用労働者10人以上の企業では9.1%，30人以上の企業では6.6%であった。この割合は規模が大きい企業ではさらに低く，1,000〜4,999人の企業では3.2%，5,000人以上の企業では4.0%であった(注4)。

企業の経営層に女性が少ない理由として，女性の就業継続が困難な状況にあったということや，就業継続が可能な場合でも家事・育児との両立のため激務を避けた結果，昇進が遅れてしまったということが考えられる。

ちなみに，雇用慣行等における男女間格差の解消を目的としたポジティブ・アクションに取り組んでいる企業の割合は，常用労働者30人以上の企業で57.1%となっている（厚生労働省「平成26年度雇用均等基本調査」）。

最後に，研究分野における女性の立場を紹介する。総務省「平成27年科学技術研究調査」によれば，2014年度末における研究者総数に占める女性研究者の割合は14.7%にとどまる。研究分野においても，男女間格差が存在することが示されている。

政治や企業経営等への参画に関する男女間格差の解消には，ポジティブ・アクションの積極的な活用が必要である。これについては，男性への逆差別であるという指摘もあるが，女性の置かれた現状を考慮するとクオータ制等の採用は不可避なものであると思われる。

(2) 国際比較からみた現状と課題

次に，女性の地位の国際比較を通じて，女性が置かれている立場を考察していこう。

① 労働力率の国際比較

女性活躍の代表的な指標は，労働市場への進出度合いであろう。**図表1−2**は2013年時点における女性の労働力率の国際比較を表したものである。図表1−2に示した9カ国のうち，女性の労働力率が最も高いのはスウェーデン

図表 1-2　女性の労働力率

	女性の労働力率（%）	男女差（ポイント）
イタリア	54.4	20.1
韓国	55.6	22.0
日本	65.0	19.6
フランス	67.0	8.5
アメリカ	67.2	11.5
タイ	69.3	15.7
イギリス	71.7	11.4
ドイツ	72.5	9.9
スウェーデン	78.8	4.5

(注)　15〜64歳の労働力率である。男女差は男性の15〜64歳労働力率との差である。
(出所)　(独) 労働研究・研修機構「データブック国際労働比較2015」。

(78.8%) で，日本 (65.0%) とは13.8ポイントの差がある。日本のほかには，イタリアや韓国も相対的に低い水準となっている。

　図表 1-2 の第 2 列の数値は，労働力率 (15〜64歳) の男女差を取ったものである。国の労働力率の水準は，労働慣行や社会的仕組みなどによって異なるため，男女差をみることで女性の労働市場への進出状況を示すことができると考えられる。これによると，スウェーデンで4.5ポイントと最も小さく，女性の労働参加が進んでいることがうかがえる一方，日本は19.6ポイントと 3 番目に大きく，女性の労働参加を促進する余地があることがうかがえる。

② **女性の地位―ジェンダー不平等指数から**

　国連開発計画 (UNDP) は毎年，人間開発報告書 (Human Development Report) を公表しており，2010年からは同報告書において「ジェンダー開発指数」と「ジェンダー不平等指数」を試算している。ジェンダー開発指数 (GDI, Gender Development Index) は 3 つの側面 (健康，教育，生活水準) から男女間の達成度の違いを反映させた指数であり，ジェンダー不平等指数 (GII, Inequality Index) も同様に，別の 3 つの側面 (リプロダクティブ・ヘルス，エンパワーメント，労働市場) から男女間の不平等度を示した合成指数である。以下，UNDP (2015) からその内容をいくつか紹介する。

　2014年のジェンダー開発指数の中には，1 人当たり GDP の男女比の指標が

ある。男性の所得を100とすると，女性の所得は世界188カ国全体の平均で56.0，OECD諸国の平均で60.1であったが，日本はそれらを下回る50.4であった。1人当たりGDPの男女比は，男女の賃金格差を考慮した上で労働力人口に応じて一国全体のGDPを男女別に配分して推定したものである[注5]。ちなみに，日本の場合は女性の1人当たりGDPは24,975米ドル（PPPベース，2011年のデータによる）であるのに対し，男性は49,541米ドルであった。

次に，2014年のジェンダー不平等指数をみると，日本の指数は0.133で指数が公表されている155カ国中26位であった。ちなみに，この指数が最も小さかった国（男女間の格差が小さい国）はスロベニア（0.016）であり，次いでスイス（0.028），ドイツ（0.041）が続いている。このジェンダー不平等指数には立法議会に占める女性の比率や15歳以上の女性の労働力率も要素として含まれている。立法議会に占める女性の比率をみると，日本は11.6％であり，155か国全体の平均21.8％，OECDの平均26.9％と比べると相当低い。また，UNDP（2015）における15歳以上の女性の労働力率は，日本は48.8％と全体の平均50.3％，OECDの平均50.9％と比べても低くなっている。このような，日本の女性の政治的経済的な進出度合いは国際的に低いことがわかる。

③ 幸福度からみたジェンダーギャップ

持続可能な開発解決のためのネットワーク（Sustainable Development Solutions Network）では，2012年以降，世界幸福度報告書（World Happiness Report）を公表している。その2015年版の世界幸福度報告書（Helliwell, et.al, (2015)）によると，国別ランキングではスイスが第1位となり，第2位がアイスランド，第3位がデンマークであり，日本は158カ国中46位であった[注6]。世界幸福度報告書の幸福度はアンケート調査をもとに，1人当たりGDP，社会的支援，健康寿命，人生の選択に関する自由度，社会的寛容度，政治的汚染度および社会の反ユートピア度を総合して計算された指数である。

2014年調査では，女性を対象とした幸福度も計算されている。これによると，女性の幸福度の第1位はデンマーク，第2位はチェコ，第3位はフィンランドとなっており，以下北欧諸国やカナダなどが続いているが，日本は対象国数163カ国のうち41位であった。幸福度は主観的なものであり，その評価は難しいものの，日本における女性の置かれた立場は幸福度の面からみても国際的にはそれほど高いものとは言えない。

4．労働市場における女性

女性活躍には多様な意味や定義があるものの，その最も代表的な側面が女性の労働供給に関する期待と課題であろう。本節では労働力の量的側面と質的側面の双方からこの点を検討する。

(1) 女性による労働供給の量的側面

今後，日本の人口は急速に減少し，同時に労働力人口の不足も懸念される。そうした環境の中で女性の労働市場参加が期待されている。まずは労働供給の量的側面を整理する。

① 労働力人口の減少と女性活躍

国立社会保障・人口問題研究所（2012）によれば，出生率・死亡率が共に中位仮定の下で，総人口は2010年の１億2,806万人から，2025年には１億2,066万人まで減少し，翌年以降は１億２千万人を割り込み，2035年には１億1,212万人，さらに2060年には１億人を下回り8,674万人となると計算される。人口減少と同時に高齢化も進むが，注目すべきは生産年齢人口の急激な減少である。2010年の生産年齢人口は8,174万人であったが，2025年には7,085万人，2035年では6,343万人，そして2060年では4,418万人で推移するとしている。2010年を100とした場合，2060年の総人口は67.7，生産年齢人口は54.0となり，今後50年間で生産年齢人口は半減が見込まれる。

労働力人口不足が懸念される中，今まで以上に労働参加が期待されるのが，女性と高齢者（および外国人）である。高齢化とともに健康寿命も延伸し，これまで引退が当たり前であった高齢者の労働参加を進める必要もあるが，女性の労働力供給はそれ以上に期待されていると言ってよいだろう。

2015年の労働力人口は6,598万人であるが，そのうち男性が3,756万人，女性が2,842万人であり，労働力人口に占める女性の比率は43.1％である。女性の労働力人口は，1975年には1,987万人（労働力人口全体に占める割合：37.3％）であったが，1985年に2,367万人（39.7％），1995年に2,701万人（40.5％），さらに2005年には2,750万人（41.3％）と順調に増加してきた。しかし近年では女性の生産年齢人口の減少とともに，その伸びは鈍化し始めている。

今後、女性の労働力人口はどのように推移していくと考えられるだろうか。**図表1-3**は労働政策研究・研修機構（2015）による将来の労働力人口予測を示したものである。これによると、2014年に6,587万人であった労働力人口は、ゼロ成長・参加現状ケース（経済がゼロ成長で性別年齢別労働力率が2014年と同様な場合）において、5,800万人（2030年）まで、およそ790万人もの減少が見込まれる。また、経済再生・参加促進ケース（経済成長および女性や高齢者等の労働参加が進む場合）においては、6,362万人（2030年）に留まるとされているが、それでも2014年と比べれば200万人以上の労働力人口減少が見込まれる。

女性の労働力人口は2014年の2,824万人から、ゼロ成長・参加現状ケースにおいては、2030年には2,488万人にまで減少すると見込まれるが、経済再生・参加促進ケースによって労働参加が進めば2,820万人とほぼ横ばいで推移すると予測されている。男性の労働力人口は減少するものの、女性の労働参加が将来の労働力人口を下支えするということになる。

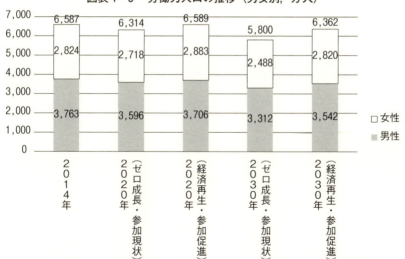

図表1-3　労働力人口の推移（男女別，万人）

（注）　2014年は実績，2020年および2030年の各ケースは本文参照。
（出所）　（独）労働政策研究・研修機構（2015）「平成27年　労働力需給の推計」。

② 労働力率の推移と将来の見通し

　女性の労働力人口が増加するには，労働力率そのものが上昇しなければならない。過去の女性の労働力率（年齢計）をみると，1975年の45.7％から次第に上昇してきた。その背景には，産業構造のソフト化・サービス化の進行等が考えられ，1990年には女性労働力率は50.1％と50％を超えた。さらに，バブル経済下の人手不足等も影響し，1992年には50.7％を記録した。しかしその後，女性の労働力率は緩やかに低下をはじめ，2000年に49.3％，2010年には48.4％まで低下した。2011年以降はやや回復し，2015年は49.6％（1999年と同水準）となった[注7]。

　では，女性の労働力率は伸び悩んでいるのであろうか。労働力率は高齢化の動向によっても影響を受ける。つまり，年齢計の労働力率は高齢女性を分母に含むため，高齢化が進むと労働力率は低下する。そこで，20～60歳の労働力率の推移を確認すると，1985年は60.7％であったが，その後徐々に上昇し，1995年には65.5％，2005年には67.6％，2015年には73.8％に達している。とりわけここ数年の上昇はめざましく，2010年の70.1％から5年間で3.7％ポイントも上昇している。

　前述した労働政策研究・研修機構（2015）による女性労働力率の予測結果によれば，2014年の女性労働力率（年齢計）は49.2％であったが，2030年の労働力率はゼロ成長・参加現状ケースでは45.7％と低下するのに対し[注8]，経済再生・参加促進ケースでは51.7％まで上昇する。ちなみに，30～59歳の労働力率は2014年の72.8％から，2030年ではゼロ成長・参加現状ケースが74.1％，経済再生・参加促進ケースでは82.9％に達するとしている。女性労働力を維持するためには，30～59歳層で10ポイント以上の労働力率上昇を求めなければならないが，減少する労働力人口を女性の労働力の増加だけで補うことは難しい。

③ M字カーブの推移

　女性の年齢階層別の労働力率を図示するとM字カーブを描くことが知られているが，その形状は近年，台形に近づいている。**図表1-4**から，M字カーブの形状が変化していることがわかる。1980年までは，20歳代後半以降は出産・育児と就業との両立が困難なことなどから女性の労働力率は急速に低下し，30歳代後半以降再び労働市場に復帰するという行動が顕著であった。近年では，その状況がやや改善されてきたことからM字の形状が変化しているが，女性

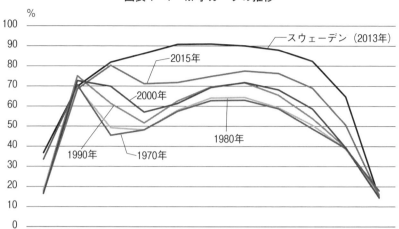

図表1-4　M字カーブの推移

(出所)　総務省統計局「労働力調査」，(独) 労働政策研究・研修機構「データブック国際労働比較2015」。

の労働市場進出が進んでいるスウェーデンと比べると，労働力率の水準自体は低く，依然として労働供給促進の余地がある。

(2)　女性による労働供給の質的側面

女性活躍を進めるには，単に労働力人口を増やすだけではなく，その働き方や労働の質を高めることも必要である。ここでは，正規と非正規労働の視点からこうした問題を検討する。

① 非正規就業者の増加

女性の雇用者数の推移をみると，1995年の1,904万人から2014年には2,351万人にまで増加している[注9]。雇用形態別に雇用者数を確認すると，正社員は同時期に1,159万人から1,019万人に減少している。一方で，非正規就業者は745万人から1,332万人にまで増加しており，非正規就業者が雇用者全体に占める割合は，39.1％から56.7％にまで高まっている。この間，男性の非正規就業者も増加しているが，雇用者全体に占める非正規労働者の割合は，2014年時点で21.8％にとどまっている。このことから，女性雇用者の増加は非正規就業者増

加によって支えられているということが分かる。

　女性の労働力率の上昇や雇用者数の増加が，非正規就業者の増加によって支えられているとすると，労働力の質が相対的に低下しているという懸念が生じる。例えば，厚生労働省の調査によると，非正規就業の形態で働く女性のうち35.9％が「家庭の事情と両立しやすいから」と回答しており，15.6％が「正社員として働ける会社がなかったから」としている(注10)。

　さらに女性の総実労働時間をみても，1995年の143.0時間から2014年では125.3時間にまで減少している。この減少には生産性の上昇という側面もありうるが，非正規就業者の増加に伴う短時間就業の影響も大きいと考えられる。

②　M字カーブの解消と非正規雇用

　前項でM字カーブが解消されつつあるとしたが，その改善の要因を以下で確認する。**図表1-5**は1990年から2010年にかけての年齢階層別の労働力率の変化について，正社員，非正規就業者および失業者の変動の3つの要因に分解して示したものである。

　25〜29歳の労働力率は，この期間15.7％ポイント上昇したが，そのうちの13.3％ポイントは非正規就業者の増加によって説明され，また正社員はわずか

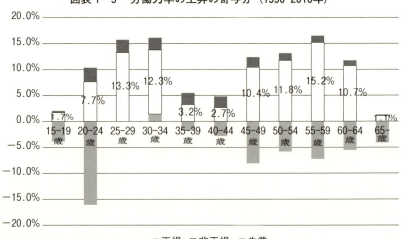

図表1-5　労働力率の上昇の寄与分（1990-2010年）

（出所）　総務省統計局「労働力調査」。

ではあるが0.1％ポイント低下している。30〜34歳の層でも同様であり，20年間で16.1％ポイント上昇したが，そのうちの12.3％ポイントは非正規就業者の増加によって説明され，正社員は1.4％ポイントの増加にとどまっている。他の年齢層も同様であるが，女性の労働力率の上昇は非正規就業者の増加によって支えられていると結論づけることができる。

自発的に非正規就業を選択する者も多いと考えられるが，不本意で非正規就業に就く者も多い。女性の雇用者には非正規就業が多いことを考慮すれば，真の女性活躍のためにも雇用形態の改善を図っていく必要があろう。

③ 女性就業と全要素生産性の関係

女性の労働供給を促進する上で，その生産性の上昇を進めることも重要である。**図表1-6**は，107業種を対象に女性就業者の比率とその業種の生産性の関係を示したものである。データは（独）経済産業研究所が公表しているJIPデータベース2014を用い，女性就業者比率については2000年と2005年の値の変化分を，また，全要素生産性については2005年から2011年にかけての上昇率を

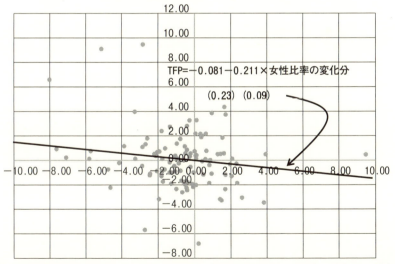

図表1-6 全要素生産性の上昇率と女性比率（変化分）の関係

(**注**) 全要素生産性は2005〜2011年の上昇率，女性比率は2000〜2005年の変化分，対象は107業種。
(出所) （独）経済産業研究所 JIPデータベース2014。

用いた。これをもとに，クロスセクションで回帰分析を行うと，女性就業者比率が上昇している業種ほど，全要素生産性上昇率は低いという結果が得られた(注11)。

こうした分析はさらに綿密にコントロール変数等を加えていく必要があるが，単回帰の結果からは，女性の労働市場参加を促すだけではなく，併せて生産性上昇を進めなければならないということになる。そのためには，女性や女性比率の高い非正規就業者に対する職業訓練など人的資本投資の充実が必要となる。

5．女性活躍への支援と少子化対策

女性活躍を実現するには，就業と出産・育児もしくは介護との両立を可能にする仕組みが欠かせない。そして，こうした両立支援の充実は出生率を改善する可能性も持つ。本節では女性活躍と少子化対策の関係について検討する。

(1) 少子化対策における両立支援と女性活躍

1990年の「1.57ショック」以降，エンゼルプランに始まる一連の少子化対策は，児童手当の給付，保育の量的・質的拡充，ワーク・ライフ・バランスの促進，長時間労働の見直し等の働き方改革などがその柱となっている。とりわけ，都市部に多くみられる待機児童の解消は，少子化対策の中でも最も注目を集めている施策であろう。2015年度からは「子ども・子育て支援新制度」が施行され，施設型給付等の創設，認定子ども園制度の改善，地域子ども・子育て支援事業の拡充も行われるようになり，その効果が期待されている。

少子化の背景には，晩婚化などの結婚行動の変化もあるが，経済社会環境の影響も大きい。例えば，子どもを持つことと就業することとの両立が困難な場合，子どもを持つことの意思決定には就業継続を断念することによる逸失所得など多額の機会コストが伴う。また，非正規就業等の増加は，将来の安定した生活に不安を招くことなどから，若者の家族形成を遅らせるといった指摘もある(注12)。

女性の経済社会での活躍を促進するには，出産や育児などとの両立は必要不可欠な条件である。もちろん男性（夫）や祖父母等の育児参加といった対応もあるが，まずは政府による女性活躍の基盤を整備することが求められている。こうした両立支援策は少子化対策の柱でもあることから，女性活躍と出生率改

善双方に効果を持つ政策であると考えられる。

しかし，このような支援策を施行するに当たっては財政的な課題もある。両立支援等の重要性は理解されているものの，そのための給付が十分ではない。若い家族を支援するための社会的支出の対GDP比は，日本が1.25%であるのに対し，出生率が比較的高いフランスは2.85%，スウェーデンは3.46%，また日本と同様に出生率が低迷しているドイツでさえも2.17%といずれも日本より高くなっている[注13]。国と地方を合計した政府債務が1,000兆円を超え，2020年のプライマリー・バランス黒字化を目標とする中で，家族関係社会支出を単純に増やすことは難しい。家族関係社会支出を充実させるには，今後，高齢者から若者への社会保障等の流れを変えることや，消費税率の引上げによる子育て財源の確保などが検討されなければならない。

(2) 出生率と女性支援の関係

女性活躍の推進が出生率改善に寄与するという議論について，ここでは実証的な側面から検討を行う。

① 労働力率と出生率の関係

はじめに，女性活躍を狭義にとらえて女性の労働市場への進出と出生率の関係を検討する。**図表1-7**はOECD30カ国を対象に，過去32年間（1980～2011年）の女性の労働力率（15～54歳）と合計特殊出生率（TFR）の関係を示したものである。図表1-7から，女性の労働力率が低い場合には，女性の労働力率の上昇に伴い合計特殊出生率は低くなる傾向がみられるが，労働力率が高くなるとその関係は反転し，女性活躍と合計特殊出生率の改善が同時に進行している。このことは，女性が労働市場によりいっそう進出するには，就業と育児の両立支援が不可欠であり，両立支援を拡充することで出生率が高まると解釈できる[注14]。

② 女性活躍（GDI）と出生率

次に，より直接的に女性活躍と出生率の関係を探る。3．で紹介したUNDPによる「ジェンダー開発指数（GDI）」を女性活躍の全般的な指数ととらえ，これと合計特殊出生率との関係を示したものが**図表1-8**である。選択した国はOECDに属する27カ国で，いずれの変数も2013年の値を用いている[注15]。

図表 1-7　TFR と女性労働力率の関係

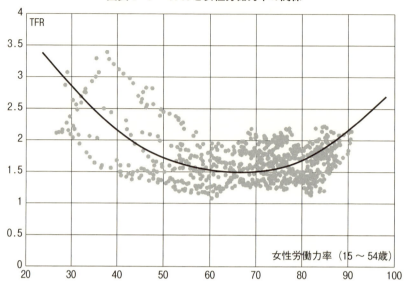

(注)　1980〜2011年までの OECD30カ国が対象。
(出所)　OECD Statistics.

図表 1-8　GDI と TFR の関係

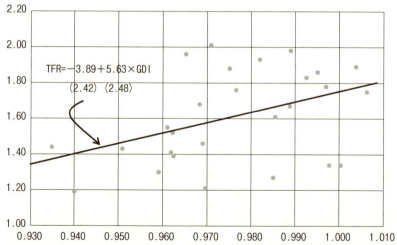

(注)　GDI，TFR とも2013年の値である。
(出所)　UNDP（2015），OECD Statistics.

被説明変数である合計特殊出生率（TFR）をGDIの上に回帰した結果を示したものが，図表1-8である。推定されたGDIの係数の標準偏差[注16]はやや大きいものの，p値は0.032と統計的に有意な値を得ることができた。こうした単回帰ではなく他にコントロール変数を加えるなど，より精緻な分析が今後必要であるが，以上の結果から女性活躍の促進は出生率を改善する可能性を持つことが示されたと言える。

6．まとめと残された課題

　本章では女性活躍の現状と課題について議論を行った。女性活躍が求められる背景には，人口減少社会における労働力人口不足への対応という量的な側面と，女性が多様で自分にあった生き方を可能にするための環境整備が遅れているという質的な側面がある。つまり，働き手としてではなく，1人の個人として多様な活躍を促進することが「女性活躍」の政策であると受け止める必要がある。

　現実的な視点からすると，女性の置かれた現在の立場には，改善すべき課題が山積している。女性の賃金は男性の7割にすぎず，企業の経営層における女性の割合は1割にも満たない上に，国際比較からみた日本の女性の立場は必ずしも高いものではない。さまざまな議論はあるものの，ポジティブ・アクション等の数値目標の設定はこうした状況を改善するものとして利用する必要があろう。その意味では女性活躍推進法の施行は大きな意味を持つものと考えられる。

　人口減少とともに労働力の不足が懸念され，女性の労働参加による労働供給の拡大にいっそうの期待が集まっているが，賃金格差や非正規就業が多いことを踏まえると，労働供給の質的な改善がなされないかぎり，現在以上に女性の労働力率を高めることは難しいだろう。また，生産性の引上げなども課題となる。

　女性活躍に関する政策は少子化対策とも整合的な側面を持つことから，女性活躍の推進は出生率改善に寄与すると考えられる。本章では簡単な分析ではあるが，女性活躍が出生率に正の効果を持つことを示した。しかし問題は，少子化対策を含め，そのための財源をいかに確保するかである。高齢化とともに高齢者への社会保障給付は高い水準にあるが，若い家族向けの社会支出は諸外国

と比べても低い水準に留まっている。多額の政府債務を考慮すれば，財政支出の方向を高齢者から女性を含む若者へと変える必要がある。政府が女性活躍と真剣に向き合うならば，こうした構造改革に着手しなければならない。

注

1　15歳以上人口に占める労働力人口（就業者＋完全失業者）の割合。
2　第3次男女共同参画基本計画の「成果目標」により民間企業の課長相当職以上に占める女性の割合の目標は10%に改訂されている。
3　Quota Project による。http://www.quotaproject.org/index.cfm
4　前述した内閣府「第3次男女共同参画基本計画における成果目標の動向」による数値とは異なることに留意されたい。
5　詳細については UNDP（2015）のテクニカルノートを参照。なお，PPP 換算（2011年）で男性が49.54千ドル，女性が24.98千ドル。http://hdr.undp.org/sites/default/files/hdr2015_technical_notes.pdf
6　2012～2014年調査の平均値である。
7　総務省統計局「労働力調査（基本集計）」による。
8　年齢別労働力率が同じでも高齢層の女性人口が増加することで年齢計の労働力率は低下する。
9　総務省統計局「労働力調査（詳細集計）」による。
10　厚生労働省「平成26年就業形態の多様化に関する総合実態調査」正社員以外の労働者の仕事に対する意識から。
11　女性比率の変化分の推定された係数の標準誤差は0.094，p 値は0.025と統計的に有意であった。
12　こうした議論に関しては加藤（2007）など参照されたい。
13　OECD が公表している児童手当など家族関係社会支出を指す（OECD Social Expenditure Database による）。なお本文中の対 GDP 比は，日本は2013年度，その他の国は2011年の値である。
14　加藤（2015）参照。なお，こうした議論が成立するには，第三の変数である両立支援策を明示的に組み込んだ分析が必要である。今後の課題としたい。
15　ジェンダー開発指数は188カ国について公表されているが，発展途上国など経済社会環境が大きく異なる国もあり，そのため先進国である OECD 諸国を選び出すこととした。
16　図中の係数の下の括弧内の値が標準偏差である。

参考文献

加藤久和（2007），『人口経済学』（日経文庫）日本経済新聞出版社。

加藤久和・中野諭 (2015), 「少子化対策と出生動向に関する将来シミュレーション」未定稿。
国立社会保障・人口問題研究所 (2012), 「日本の将来推計人口 (平成24年1月推計)」。
内閣府 (2010), 「男女共同参画白書　平成22年版」。
内閣府 (2015), 「男女共同参画白書　平成27年版」。
労働政策研究・研修機構 (2015), 「平成27年　労働力需給の推計」。
Helliwell, John F., Richard Layard, and Jeffrey Sachs (2015), "World Happiness Report 2015".
UNDP (2015), "Human Development Report　2015".

■第2章
スウェーデンとオランダの女性をとりまく環境と日本への示唆

奥　愛／和田　誠子／越前　智亜紀

　今でこそ女性の労働参加が進んでいるスウェーデンとオランダも，以前は日本と同程度の労働参加率だった。スウェーデンは1970年代に労働環境や保育環境の整備を進め，男女ともにフルタイムで働き続けることができる社会を構築した。オランダは1990年代に労働時間や雇用形態に関わらず，同等と判断される職務に対して同等の賃金が支給されることを前提に，ライフスタイルに合わせて労働時間選択の自由度を高めることで，労働者が働きやすい社会を構築した。

　スウェーデンとオランダで共通している事項は，①労働時間が必要な時に柔軟に調整できること，②雇用が不安定でないこと，③恒常的な残業がないこと，④男性が育児休業を積極的に取得すること，⑤子どもへのケアに満足がいく体制があることである。これらの5つの項目は，日本でも女性が活躍できるために考慮すべき重要な観点となる。

　スウェーデンとオランダがいかに女性が活躍しやすい環境を作っているかは，日本の女性の活躍を検討する上で示唆に富む。女性が活躍できる社会を目指すことは，女性だけではなく男性にとってもより活躍しやすい社会に移り変わるきっかけとなる。

1．海外比較からみた日本の女性の現状

　日本で「女性の活躍」に対する注目が高まっている。女性が活躍している国として，スウェーデンをはじめとする北欧諸国は有名であり，女性の就業率や国会議員・指導的地位にある女性の割合が高いことに加え，出生率も高い。本章の目的は，女性が活躍している国と日本では何が異なるのかを明らかにした上で，日本でさらに女性が活躍できる社会を築くための知見を得ることである。

　本章では，まず海外と日本の女性の活躍に関する現状を比較し，国際的な日本の位置づけと，ジェンダーに関する意識の違いを確認する。続いて，具体的に，フルタイムで働きながらも必要な時期に労働時間の調整が可能なスウェーデンと，雇用者が自らが働く時間を決めることができるオランダを取り上げ，

日本に対する示唆を得る。

(1) 国際ランキングの状況—日本は総合145カ国中101位

まず，女性の活躍に関する日本の国際的な位置づけを確認する。ダボス会議を主催している世界経済フォーラムは，政治・経済・教育・健康分野の指標データを指数化し，各国の社会進出に関する男女格差を測る指標として，ジェンダー・ギャップ指数（Gender Gap Index：GGI）を毎年公表している。2015年の総合ランキングをみると，1位がアイスランド，2位ノルウェー，3位フィンランド，4位スウェーデンと北欧諸国がトップを占めている。続いてフィリピン7位，スイス8位，ドイツ11位，オランダ13位が上位に位置している。一方，日本は145カ国中101位とランキングが低い。日本の順位が低いのは，国会議員や企業の管理職に占める女性比率が低いことが主な要因となっている。

また，国連開発計画（UNDP）もジェンダー格差を示す指標として，ジェンダー不平等指数（Gender Inequality Index：GII）を毎年公表している。2014年のランキングは，1位がスロベニア，2位スイス，3位ドイツで，北欧諸国のデンマークが4位，スウェーデンが6位，そしてオランダが7位と続いている。日本は188カ国中26位と，前述のジェンダー・ギャップ指数に比べるとランキングは比較的高い。これは，ジェンダー不平等指数に妊産婦死亡者率や若年女性の出生率等，途上国の保健分野の進展度合いを測る指標が含まれていることから，これらの項目が日本のランキングの押し上げに寄与したと考えられる。

その他，持続可能な開発解決のためのネットワーク（Sustainable Development Solutions Network）は世界幸福度報告書を公表している[注1]。2015年の同報告書（Helliwell, et.al., (2015)）では「幸福度は社会の発展度合いを適切に測る指標で，公共政策の目標との認識が高まっている」と指摘されている。2015年の幸福度ランキングの1位はスイス，2位アイスランド，3位デンマーク，4位ノルウェー，6位フィンランド，7位オランダ，8位スウェーデンが上位を占め，日本は158カ国中46位となっている。

これらの国際ランキングを踏まえると，北欧諸国やスイスなどのジェンダー格差が小さい国は，幸福度調査でもランキング上位を占めていることが分かる。

(2) 経済・政治・教育分野項目でいっそうの改善の余地がある日本

女性の活躍に関する国際ランキングを詳細に分析すると，日本は，経済，政

治,教育分野の項目が弱いことが分かる。以下では,分野ごとに海外と日本を比較して現状を把握するとともに,「世界価値観調査(World Values Survey)」(2010～2014年実施)を用いて,各分野における女性の活躍に関する国民の意識の違いを明らかにする。

① 経済分野―日本の管理職に占める女性の割合は145カ国中116位

ジェンダー・ギャップ指数の経済分野の項目をみると,日本のランキングは145カ国中106位であり,これは「管理職に占める女性の割合」のランキングが116位と非常に低いことが主因となっている。主要国における管理職に占める女性の割合は,2013年時点で欧米諸国は30％前後の国が多い。アジア諸国でも,例えばフィリピンは40％超,シンガポールと香港は30％超となっているが,日本は11.2％でしかない(図表2－1)。

経済分野の意識に関して,世界価値観調査をみると,「一般的に,男性の方が女性より経営幹部として適している」かどうかの質問に対し,欧米諸国は「決してそうは思わない」と回答する割合が高いのに対し,アジア諸国は「そう思う」と回答する割合が高い。日本は「わからない」と回答する割合が多い(図表2－2)。

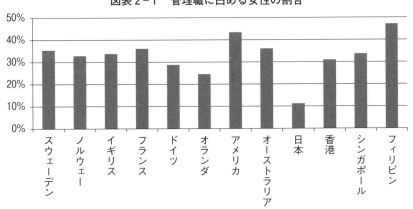

図表2－1 管理職に占める女性の割合

(注) 管理職は会社役員や企業の課長相当職以上や管理的公務員等。
(出所) 労働政策研究・研修機構(2015)「データブック国際労働比較2015」。

図表2-2　価値観調査：質問「一般的に，男性の方が女性より経営幹部として適している」

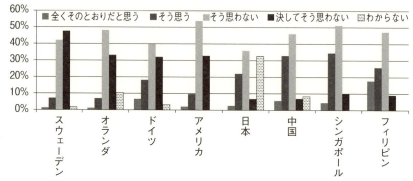

(出所)　World Values Survey "World Values Survey Wave 6 : 2010-2014".

② 政治分野—日本の国会議員に占める女性の割合は145カ国中125位

ジェンダー・ギャップ指数の政治分野の項目をみると，日本のランキングは145カ国中104位であり，これは「国会議員に占める女性の割合」のランキングが125位と非常に低いことが主因となっている。クオータ制を導入した欧州諸国では，女性国会議員が増加している。2015年時点での下院または一院制における女性議員割合は，北欧諸国で約40％にまで至っているが，日本は10％にも達していない（図表2-3）。

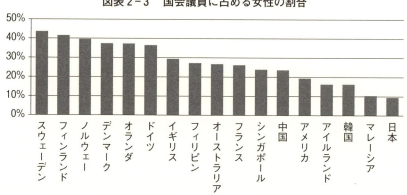

図表2-3　国会議員に占める女性の割合

(出所)　IPU "Women in national parliaments" Situation as of 1st November 2015.

図表 2 − 4 価値観調査：質問「一般的に男性の方が女性より政治の指導者として適している」
"On the whole, men make better political leaders than women do."

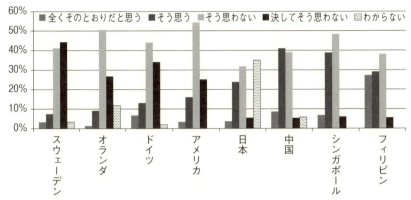

（出所） World Values Survey "World Values Survey Wave 6：2010−2014".

　政治分野の意識に関して，価値観調査をみると，「一般的に男性の方が女性より政治の指導者として適している」かどうかの質問に対して，欧米諸国は「決してそうは思わない」と回答する割合が高いのに対し，アジア諸国は「そう思う」と回答する割合が比較的高い。日本は「わからない」と回答する割合が最も多い（図表 2 − 4 ）。

③　教育分野─日本の女性の大学相当の高等教育への進学率は145カ国中106位

　ジェンダー・ギャップ指数の教育分野における日本のランキングは145カ国中84位であり，これは「女性の大学相当の高等教育進学率」ランキングが145カ国中106位と低いことが主因となっている。各国の大学相当の高等教育への進学率をみると，2012年時点でドイツを除いた欧米諸国は女性の方が進学率が高いが，日本は男性の方が進学率が高い（図表 2 − 5 ）。
　教育分野の意識に関して，価値観調査をみると，「大学教育は女子より男子にとって重要である」かどうかの質問に対して，欧米諸国は「まったくそうは思わない」と回答する割合が高い一方，アジア諸国は「そう思う」と回答する割合が欧米諸国より高い。日本は「わからない」という回答が比較的多い（図表 2 − 6 ）。

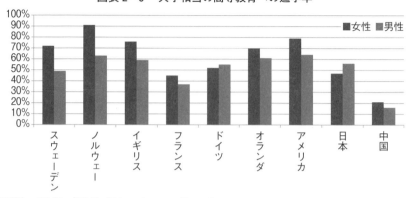

図表2-5　大学相当の高等教育への進学率

（出所）　OECD（2014）"Education at a Glance"

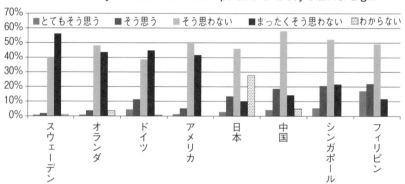

図表2-6　価値観調査：質問「大学教育は女子より男子にとって重要である」
"A university education is more important for a boy than for a girl"

（出所）　World Values Survey "World Values Survey Wave 6 : 2010-2014".

　以上を踏まえると，まず意識については，欧米諸国とアジア諸国で異なっていると考えられる。政治，経済，教育分野における女性の活躍度合いは国によってさまざまである。日本は価値観調査の質問に対して「わからない」という回答が多い中，女性の活躍が進んでいるわけではない。日本においては，女性の活躍に対する意識をはっきりと持つことで，女性の活躍がいっそう促進できる可能性があると解することもできる。

(3) 日本の女性の低い労働参加率

女性の労働参加率について，2014年時点の日本とスウェーデン，オランダを比べると，日本は25〜29歳から30〜34歳の間で大きく減少していることが分かる（**図表 2-7**）。日本で特徴的なM字カーブが生ずる背景には，出産・育児といったライフイベントによってこれまで通りの働き方ができず，多くの女性がキャリアを断絶している可能性が考えられる。しかし，スウェーデンやオランダの女性も同様のライフイベントを同年代で経験しているにも関わらず，日本ほどの減少はみられない。そして合計特殊出生率も，2013年時点で日本は1.4だが，スウェーデンでは1.9，オランダは1.7とここでも大きな差が生じている(注2)。

スウェーデンもオランダも昔から女性の労働参加率は高かったのだろうか。日本で女性のキャリアの断絶が生じる30〜34歳の女性の労働参加率の推移を3カ国で比較したものが**図表 2-8**である。今でこそ女性の労働参加率が高いスウェーデンとオランダも，以前は日本と同程度の労働参加率だった。スウェーデンは1960〜70年代にかけて女性の労働参加率が上昇し，オランダは1980〜90年代にかけて上昇した。そして2014年時点におけるスウェーデンとオランダの30〜34歳区分の女性の労働参加率は90％に迫る。一方，日本は女性の労働参加率は上昇はしているものの，2014年時点でもスウェーデンやオランダと比べる

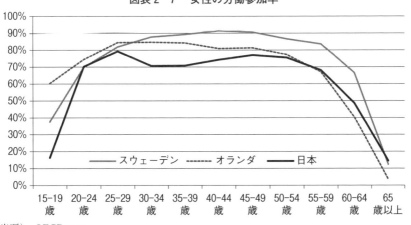

図表 2-7　女性の労働参加率

（出所）　OECD.stat.

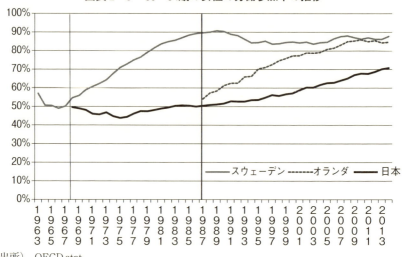

図表2-8　30～34歳の女性の労働参加率の推移

(出所)　OECD.stat.

と10%ポイント以上低くなっており，依然として差が生じている。

　なぜスウェーデンやオランダでは女性の労働参加率が上昇したのか。スウェーデンについてストックホルム大学のバーバラ・ホブソン教授は，税制改革と男性の就労時間の短縮が鍵だったと指摘している[注3]。また，オランダについてエラスムス・ロッテルダム大学のローラ・デン ドゥルク准教授は，パートタイム労働者の賃金や社会保障等の待遇を改善していく法整備がきっかけだったと指摘している[注4]。以下ではスウェーデンとオランダで女性の労働参加率が上昇した背景について，きっかけや経緯，意識の変化をたどりながら，何が日本に必要なのかを検討する。

2．スウェーデンにおける女性の活躍

(1) 女性の労働参加が進む前の状況と変わったきっかけ

　スウェーデンは今でこそ女性の労働参加率が約8割と高くなっているが，1950年代までは女性の労働参加率は低く，既婚女性の大半が専業主婦であり[注5]，性別役割分業の意識が強く存在していた[注6]。しかし，1960年代に入

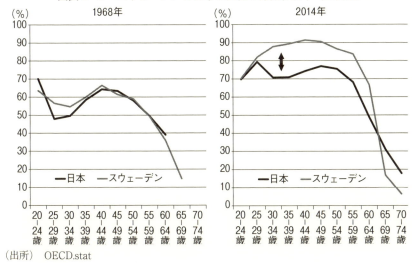

図表2-9　スウェーデンと日本の女性の労働参加率（世代別）

（出所）　OECD.stat

り高度経済成長期を迎えると，労働力不足から女性の労働力が求められるようになったことに加え，女性解放運動を背景に女性の就労機会均等や社会進出の議論が起こり，男女平等の気運が高まっていった(注7)。

1970年代に入り社民党政権下で高福祉政策が掲げられると，福祉分野で労働力需要が高まった。この福祉分野に女性が多く進出することで(注8)，1970～80年にかけて女性の労働参加率が大きく上昇した。スウェーデンと日本の女性の労働参加率を比較すると，1960年代後半は同水準であったが，2014年では20代後半以降の年齢層の労働参加率に大きな違いがみられる（**図表2-9**）。

(2) 女性の社会進出が進んだ経緯

女性の労働参加を後押しした政策として，所得税の課税方式の変更や，労働環境および保育環境の整備などが挙げられる。1969年に首相となった社民党党首のオロフ・パルメは男女平等を政治目標の1つに位置づけ，男女共に経済的に自立し協同して家庭生活を営むことを目指す社会政策を展開した(注9)。これらの政策により社会保障システムを性別役割分業から夫婦共働き型へシフトさせることで，仕事と家庭の両立を目指した(注10)。1960年代後半から女性の労働参加が進んだ様子は，図表2-8からも確認することができる。

① 所得税の課税単位の変更

スウェーデンでは従来，所得税は夫婦合算課税方式で課税され，配偶者控除も適用されていた。妻が専業主婦の場合は税控除を享受できたが，妻が働いている場合は夫婦合算の所得に課税され，結果として高い税率が適用された。高い所得税率の適用や配偶者控除が女性の労働意欲を抑制しているということが社会的な争点となると，1971年に所得税の課税単位が夫婦合算課税方式から夫婦分離課税方式に変更され，妻の税法上の控除も廃止された[注11]。夫婦分離課税方式では，妻は夫の所得を考えて労働を控える必要がなくなり，扶養家族による控除もないため，妻が所得を得ることに対するデメリットが軽減された。

スウェーデンにおける課税方式の変更過程について，ストックホルム大学のホブソン教授は，「当時のスウェーデン国民の間でも賛否両論あったが，国を持続するためには女性の労働参加率の上昇が不可欠であり，課税方式を変更すると同時に，女性が働きやすい労働環境を整えるということで進めてきた」と説明をしている[注12]。

② 労働環境の整備

課税単位の変更に加え，就労と育児の両立が可能になるような労働環境の整備も行われた。1974年には国民保険法の女性労働者を対象にした「出産手当」が廃止され，両親を対象にした「両親手当」が新設された。両親手当は育児休業中の所得補償制度であり，世界で初めて妻だけでなく両親に権利が認められた。1976年には「両親休暇法」が制定され，両親に対する育児休業の権利が保障された。

1978年に労働時間短縮型の育児休業が導入されると，就労する親には子どもが18カ月になるまでフルタイムで休職できる権利と，子どもが8歳になるまで労働時間を所定労働時間の75％まで短縮する権利が保障された。労働時間を短縮する就労形態はパートタイム労働[注13]と呼ばれており，労働時間を短縮した際の収入減は両親手当で補てんすることができる仕組みとなっている。現在，両親手当は最大で480日分取得することができ，初めの390日分は所定給与の80％相当額，残りの90日は1日当たり180クローナ支給される。この両親手当は子どもが12歳になるまでの期間中に，分割取得が可能となっている[注14]。

1982年には「労働時間法」により，法定労働時間は週40時間以内，所定外労働時間は4週間で48時間以内，年間200時間以内と規定された。年間最低5週

間与えられる有給休暇は原則として完全消化することが定められ，労働環境が整備された。

1994年に導入されたパパクオータ・ママクオータ制度では，両親手当の取得可能期間のうち，父親のみに受給権のある期間（60日），母親のみに受給権のある期間（60日）が別々に設けられた。仮に父親が休暇を取得をしなければ，父親のみが有する受給権が消滅する仕組みとなっていることから，男性の育児休業の取得を後押ししたとされる。

③ 保育環境の充実

スウェーデンでは，1960年代以降，働く女性の増加に伴い保育施設の需要が高まり，保育制度の充実が図られた。1968年には，スウェーデンの社会情勢に適した保育制度を確立するために保育委員会が設立され，スウェーデンの教育に関する原則が策定された。

スウェーデンの保育制度は，子どもの成長と学習の支援，両親の仕事や学業と子育ての両立支援を目標としている(注15)。こうしたアプローチが1970年代から導入されると，保育制度は教育的な要素を持つようになり，1975年には，6歳児に対する半日の就学前教育が制度化(注16)された。

このように，保育環境の整備は急速に進んだものの，80年代に入っても待機児童問題は解消されなかった。これを受け，1995年に法律で「地方自治体は両親が仕事や学業に従事する家庭に対して著しい遅延なく保育サービスを提供すること」が明記され，1～12歳までの児童の入所保証が，地方自治体に義務づけられた。この法律の導入によって，待機児童問題は解消に向かったとされる(注17)。その後，1990年代に保育政策の中でも教育に重きが置かれると，1996年には保育制度の管轄が社会保険省から教育科学省に移り，保育が教育制度に組み込まれた。

スウェーデンの保育は，1～12歳までの児童が対象となっている。保育サービスとして，5歳までを対象にしたプレスクールや6歳を対象にした就学前学級，6～12歳を対象とした学童保育などが利用可能となっている。スウェーデンでは，日本と異なり(注18)，どちらかの親が看護可能な状態である場合（例えば，両親が失業中，他の子どもの育児休業中など）でも，保育サービスを利用することができる。こうした背景には，公的保育は国民全員が利用できる総合的な保育制度の一環であるとの考えがある。スウェーデンの女性の労働参加率

が出産や育児などのライフイベントによって低下しない背景には，このような充実した保育環境がある。

(3) 社会意識の変化

1960年代以降，女性解放運動が進むと，1979年に世界で初めて男女雇用機会均等法が制定された。スウェーデンでは男女平等気運の高まりとともに，男性にも意識の変化が生じ「女性の問題は男性の問題である」との意識が深まったとされる[注19]。

1950年代頃までは性別役割分担が深く根付いていたため，女性にとって職業を持つか家庭を持つかは二者択一であった。しかし1960年以降，労働に参加するようになった妻は仕事と家事・育児の二重労働から自らを解放するため，夫に対して家事・育児の参加を求めるようになった[注20]。夫もまた妻の労働参加によって家計を1人で支える重責から解放されると，家事・育児に関しても役割分担するようになった[注21]。パパクオータ制度で男性に休暇取得インセンティブづけをしたことも男性の育児参加を後押ししたと言われる。

(4) 女性の働き方

スウェーデンでは，福祉サービスに対する需要の高まりを背景に，女性の労働参加が福祉サービス分野を中心に進んでいった。ILOの調査によると，2014年時点でも，健康・社会福祉で27.1％，教育で17.9％，公務員・防衛で7.8％の女性が働いており，公的分野で多くの女性が働いていることが分かる。以前は男女の賃金格差は大きかったが，同一価値労働・同一賃金の理念の下，ジェンダー等を理由とする不当な賃金格差が法律で禁止されると，男女間の賃金格差は縮小し，現在では賃金格差の小さい国となった。女性の労働参加率は男性と同水準まで上昇し，ライフサイクルによる労働参加率の低下はみられない。

スウェーデンの女性は，産後1年間は育児休業を取得するが，その後は保育所などの保育サービスを利用しながら仕事を再開するケースが多い[注22]。必要な時期は勤務時間短縮制度を利用してパートタイムで働き，必要がなくなったらフルタイムに戻る人が多く，実際に女性の労働者の8割以上[注23]がフルタイムで働いている。このように，育児中もフルタイムで働くことができる背景には，働く親へのサポートが充実している労働環境や保育環境がある。

フレックスタイム制度やテレワークの利用率も高く，労働時間や場所を調整

可能な労働環境が整っている。高橋（2011）によれば，調査対象企業（従業員250名以上規模）[注24]の約9割でフレックスタイム制度が導入されており，7割以上で在宅勤務制度を導入，半数を上回る企業で法を上回る育児休業制度を整備しているとの調査結果があり，柔軟な労働環境がうかがえる。

スウェーデンでは，労働は規定の時間内で行い有給休暇は原則として完全消化する意識が強いといわれている。1人当たり平均年間実労働時間は1,607時間と日本の1,735時間と比較して短い[注25]。スウェーデンは帰宅時間が早いことも有名で，内閣府経済社会総合研究所の「スウェーデン家庭生活調査（2004）」によると，スウェーデン女性の平均帰宅時刻は16時37分，同国男性の平均帰宅時刻は17時11分となっている一方で，日本女性の平均帰宅時刻は18時52分，同国男性の平均帰宅時刻は20時49分と，男女ともにスウェーデンよりも帰宅時刻が遅いことが分かる[注26]。

スウェーデンのように必要に応じて時間や場所を調整できる環境や長時間労働が強いられない環境は，今後の日本においても参考となる働き方といえよう。

3．オランダにおける女性の活躍

(1) 女性の労働参加が進む前の状況と変わったきっかけ

オランダは「パートタイム王国」と呼ばれ[注27]，ワークシェアリングを実践している国として有名で，女性の労働参加率は7割に上る。しかし，オランダは従来より男性は仕事，女性は家事・育児という性別役割意識が強い国として知られている。オランダの女性の労働参加率が上昇したのも1990年代頃であり，スウェーデンに比べると比較的最近である。

1960年代頃のオランダは，結婚後は専業主婦になるのが当たり前で，当時の既婚女性の労働参加率は7％程度だった。また4歳未満の子どもを持つ母親は0.6％しか仕事に就いていなかった[注28]。

北海で天然ガスが産出されるオランダは，1973年の石油ショックによるエネルギー価格の高騰で天然ガスの売却益を得るなど，エネルギー産業が経済を牽引して好景気にあった。こうした中，オランダでは，男性が働いて一家を養う家族モデルが確立し，社会保障制度が整備された。

しかし，天然ガスの輸出拡大によって貿易黒字が増大すると，オランダ通貨

ギルダーの為替レートが上昇し、製造業など輸出産業を中心に国際競争力が下がった。その後エネルギー価格の暴落でエネルギー産業が打撃を受け、1980年代前半に大不況に陥った。失業率は10％台まで上昇し、繁栄時に増大した社会保障負担が財政を圧迫、財政赤字が膨らんだ。

オランダはこうした危機的状況を克服するため、1982年に「ワッセナー合意」を政労使間で結び、労働組合は賃金上昇率の抑制、企業は雇用確保のため労働時間の短縮、政府は財政支出の抑制や減税について合意した。その後、失業率が低下し、経済が順調に回復したことから「オランダの奇跡」と呼ばれた。主な働き手であった男性の収入が、賃金抑制と労働時間短縮によって減少し世帯収入が下がる中で、短時間勤務という働き方が受け入れられるようになったことで、女性の労働参加がパートタイム労働を中心に進んだ。

(2) 社会進出が進んだ経緯

① 労働環境の整備

オランダの労働環境は、ワッセナー合意を契機に整えられた。1987年には、年金、失業、就労不能手当といった社会保障制度が短時間勤務のパートタイム労働者にも適用された[注29]。1993年にはワークシェアリングが進められたほか、労働時間による待遇の差別が禁止された。1996年には「労働時間差別禁止法」が成立し、全ての労働条件についてパートタイム労働者もフルタイム労働者と同等の権利が保障されるようになった[注30]。オランダのパートタイム労働者は、日本のパートタイム労働の概念と異なり、短時間勤務でも正社員と同等の待遇や給与が保障される短時間勤務正社員という位置づけとなっている。1999年には「フレキシキュリティ法」で、派遣労働者に対しても正規労働者に準ずる保護規定が定められた。さらに2000年には「労働時間調整法」で週当たりの労働時間の短縮・延長ができる権利が保障され、雇用者は企業からペナルティーを受けずに自ら就業時間を決める権利を与えられた[注31]。

これらの労働環境の整備により、オランダでは「仕事か家庭か」の二者択一を迫られる必要はなくなった。ライフスタイルの変化に合わせて、主体的に労働時間を調整することが可能となり、労働時間（フルタイム、パートタイム）や雇用形態（正規・非正規）に関わらず同等と判断される職務に対して同等の賃金・待遇が保障されたため、安定して働けるようになった。また、労働環境の整備に伴ってオランダの女性の就業率は年々上昇し、いわゆるM字カーブ

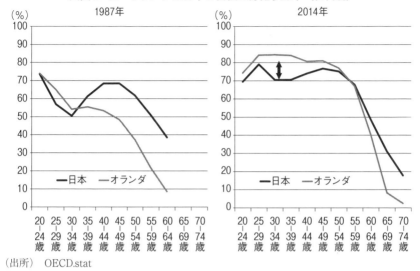

図表 2-10　オランダと日本の女性の労働参加率（世代別）

（出所）　OECD.stat

が解消されている。

　オランダで労働環境の整備が本格的に始まった1987年時点のオランダと日本の女性の労働参加率を比較したものが**図表 2-10**である。これをみると、20～30代前半の女性の労働参加率はオランダの方が若干高かったが、30代後半以降は総じて日本の方が高かった。しかし2014年時点では、オランダの30～40代女性の労働参加率が大きく上昇している。

　オランダの女性の働き先をみると、2014年時点で行政、教育、医療、社会福祉分野に従事する割合が44.1％[注32]となっており、教育や医療分野などを中心に公的な仕事に従事している女性が多い。また、オランダの働く女性の6割強がパートタイム勤務を選択している[注33]。

② **男性と女性の仕事と家族ケアの関わり具合**

　オランダでは、男性が有償労働、女性が家事や育児等の無償労働という役割分担により、女性が構造的に不利な立場に置かれていたことから、1985年に政府が策定した男女平等政策プランでは、男女間で有償労働と無償労働を均等に分配しなおすことが政策の柱と位置づけられた[注34]。さらに1996年には、社会経済審議会（SER）[注35]が仕事と家事・育児を男女とも行うことを推進するた

めのシナリオを検討し,「コンビネーション・シナリオ」を選択した。具体的には,夫婦が共にフルタイム(1.0)より労働時間をやや減らしたパートタイム労働(0.75)に従事して,2人合わせて1.5の収入を稼ぎ,浮いた時間で保育サービスも利用しつつ,2人が協力して育児や家事を遂行することが示された。このシナリオでは,労働時間の柔軟化や経済・社会保障制度の変更,保育サービスの供給拡大・外注化の促進など,職場でも家庭内でもワークシェアリングが進むことが企図されていた[注36]。

③ 所得税の課税単位の変更と税額控除[注37]への転換

女性の就業を促すため,働く人に不公平がないような税制改革が行われた。まず,労働市場に参入した主婦を含めた女性を対等に扱う目的で,1990年に所得税の課税単位が世帯から個人へと変更された[注38]。また2001年の税制改正では,働くことが手取り収入の増加につながるような所得税制を進め,所得税率を引き下げると同時に勤労所得税額控除を導入した[注39]。柴(2014)はこの勤労所得税額控除によって,「未就労の女性に就業インセンティブを与え,女性の労働量も増加した」と説明しており[注40],またこの際,ほかにも子育て世帯の就労促進のため,扶養する子どもにかかる費用の税額控除やひとり親に対する税額控除,12歳未満の子どもを有する親が所得に応じて受けられる税額控除等が導入された。

(3) 社会意識の変化

オランダでは性別役割意識が元来強く,子どもはできる限り親が自分の手で育てるべきという通念が浸透していたこともあり,女性は1970年代頃まで結婚後は仕事を辞めるのが当然であった。しかし,1980年代頃より家庭責任を果たしながらも社会の一員として働くことが可能な労働環境が整備されるにつれ,女性は自分にとって望ましいワーク・ライフ・バランスを選択しながら就業するという意識に変わっていった。この意識と就業状況の変化の様子は図表2－8にも表れている。

一方男性は,1970年代頃までは仕事中心の生活で家事や子育てには関わらないのが普通であった。1980年代頃から女性が働きに出るようになると,家事や育児の分担は当たり前という意識に変わってきた[注41]。最近では,1日当たりの勤務時間を増やして出勤日を週4日程度に減らしたり,時短の形で育児休業

を取得する男性も増えており^(注42)、家庭生活や子育てを考慮した勤務形態を選択する男性が多くなっている。

(4) 保育事情

このようなオランダ人の意識や働き方には、オランダの保育事情も関係している。子どもはできるだけ親が育てるべきという考え方が根強いオランダでは、週3日は保育園やベビーシッター、近親者等にケアを頼み、それ以外の2日は両親がそれぞれ土日以外に1日働かない日を設けて育児をする人が多いという^(注43)。保育園に関しては、子育ては親がするという考えが主流であったこともあり、整備が遅れた背景がある。また、保育施設数は不足しており、保育費も高い状況となっている。

育児休業は子どもが8歳になるまでの間に、週労働時間の26倍の時間（約半年間）取得可能であり、分割取得もできる。さらに両親それぞれが取得可能で、同時に取得することもできる。ただし、休業中の所得保障は労使の自主的な取り組みに任されており、公的部門では75％の所得保障があるが、民間では無給のところも多い^(注44)。そのため、両親それぞれが長期間にわたり短時間勤務という形で育児休業を取得する場合が多い。

(5) 女性の働き方

オランダでは、法律で週当たりの勤務時間の調整が認められていることから、ライフスタイルに合わせて勤務パターンを柔軟に変更することが可能となっている。例えば、「4×9戦略」というのは、フルタイム労働者が1日当たりの勤務時間を9時間に延長し、代わりに週4日勤務する働き方であるが、こうした働き方を導入し、土日以外の1日を余暇や子育てに充てる労働者が多い。逆に勤務日を週6、7日として1日当たりの勤務時間を短縮する方法や、パートタイム勤務^(注45)であっても隔週で勤務時間を柔軟に設定することも可能である。また、オランダでは自分のライフスタイルに合う勤務時間となるよう転職する人も多いという。

場所や時間にしばられずに働く方法としては、テレワークや在宅勤務が広く普及している。2012年時点でテレワーク環境は従業員10人以上の企業の58％が導入しており、従業員500人以上の大企業に限ると導入率は96％に上る^(注46)。

オランダは、前述の「コンビネーション・シナリオ」で夫婦が0.75ずつ働く

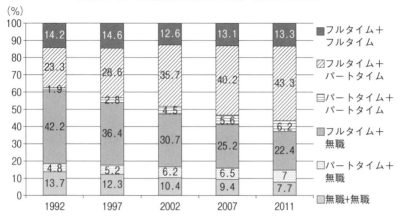

図表 2-11 世帯別就労形態の推移（1992-2011年）

(注) 対象は15〜64歳の法律婚および事実婚カップル。
(出所) 中谷（2015）「オランダ流ワーク・ライフ・バランス」。

「1.5稼ぎモデル」を目指したが，現状は男性が1.0（フルタイム），女性が0.5（パートタイム）という「1.5稼ぎ」が主流で，多くの女性の就業形態がパートタイムになっているのも事実である。世帯別の就労形態の推移（**図表 2-11**）をみると，1996年の労働時間差別禁止法成立以降，専業主婦世帯（男性フルタイム，女性無職の世帯）は半減している一方，フルタイムとパートタイムの組合せが倍増して，現在では主流となっている。これに対して政府が，女性が育児をしながらも労働市場により多く貢献できるよう，パートタイムで就労している女性に現状より長い時間の就労を奨励する動きもある[注47]。

オランダで柔軟な働き方が可能な背景には，企業側の姿勢や労働環境・待遇に関して，日本との違いがあることも認識しておく必要がある。社員の待遇や昇給・昇格の仕組みについて，例えばオランダでは，フルタイム・パートタイムに関わらず，年金等の社会保障は整備されているが社員へのボーナス支給はほとんどない。また，賃金が職務と裁量に連動しているため，職務の内容やレベルが変わらなければ昇給はなく，日本のような年功型にはなっていない。そして，オランダの企業は優秀な人材を採用するため，個々の企業が戦略的に労働環境を整え，企業努力を重ねている。さらに，1987年にパートタイム労働者に対しても社会保障が適用された際には，社会保障の負担を企業側だけに強いることのないよう，給与を上乗せする代わりに社会保険料の支払いは被雇用者

が行う仕組みに転換した。このような，オランダでは政労使が三者で譲歩し合い，より良い労働環境を模索している点が特徴的である。

　このような働く時間や場所にとらわれず，自らのライフステージの状況に合わせて柔軟な働き方を推進するオランダの年間労働時間をみると，1人当たり平均年間実労働時間で1,380時間と，日本の1,735時間と比較して短く[注48]，日本と違って恒常的な残業も少ない。また，日本生産性本部の「労働生産性の国際比較2014年度版」によると，オランダの時間当たり労働生産性は61.5ドルとOECD加盟34カ国中6位と高い一方で，日本の時間当たり労働生産性は41.3ドルであり，オランダと比べて20ドル以上もの差がある。今後，日本でも多様な働き方を可能にしつつも，労働生産性を高めていく上で，オランダの働き方は1つの手掛かりになると言えるだろう。

4．スウェーデンとオランダから得る日本への示唆

(1) スウェーデンとオランダの事例から抽出した5つの共通項と日本への示唆

　スウェーデンとオランダの女性の労働参加率は上昇したが，進め方は国民性や文化の違いもあり同様ではなかった。しかし，2つの国に共通している事項として，以下の5つの項目が挙げられる。
　① 労働時間が必要な時に柔軟に調整できること
　② 雇用が不安定でないこと
　③ 恒常的な残業がないこと
　④ 男性が育児休業を積極的に取得すること
　⑤ 子どもへのケアに満足がいく体制があること
　現在の日本は，女性の労働参加率が30〜34歳で大きく低下している。また，第1子出産前に有職だった女性の約6割が職場に復帰していない[注49]。女性の労働参加率が上昇したスウェーデンやオランダの事例から抽出した5つの項目は，日本でも女性が活躍できるために考慮しなければならない重要な観点である。

　日本でも女性の労働参加率を上昇させるために，スウェーデン，オランダの知見を踏まえた具体的な施策として，育児休業を複数回にわたって分割でき，

子どもが8歳, さらに12歳になるまで取得可能にすることは1つの方策として考えられる。スウェーデンからの知見としては, 子どもを預けられる先を増やすことや, 保護者が現状働いているかどうかで保育の必要性を判断するのではなく, ニーズのある全ての子どもに保育・教育の機会が提供されることが必要である。オランダからの知見としては, 週当たりの勤務時間の短縮・延長が可能な働き方ができるようになることも重要である。

上記5つの項目の他, さらにスウェーデン, オランダで進められてきた男女が働きやすい環境が日本でも整っていけば, 就業継続を希望している女性は仕事を諦めることなく, 不安を抱かずにキャリアを継続することができる。また, 就業を希望しているが諦めている女性も, より希望に沿った形で活躍の場を広げることができる。仕事を続ける女性や仕事に再び就く女性が増えていくことで, 日本もスウェーデンやオランダのようにM字カーブが徐々に改善されていくことが期待できる。

(2) 女性の活躍度を測る指標—男女間の賃金格差

① 日本の男女間の賃金格差は年齢と共に拡大

女性がキャリアを継続できる環境が整えば, 女性の活躍の場が広がる。女性の活躍度を測る指標の1つとして, 男女間の1時間当たりの賃金格差をみる。男女間の賃金格差を3カ国で比べると, スウェーデンやオランダでは, 女性の賃金は男性の賃金の約85%であるが, 日本は約70%にとどまっている[注50]。

日本の男女間の賃金格差を「賃金構造基本統計調査[注51]」を用いて詳細にみると, 入社スタート時点は同程度の賃金であるが, 男性正社員は年齢を追うごとに賃金カーブが上昇しているのに対し, 女性正社員の賃金カーブは, スタート地点からやや微増, またはほぼ横ばいとなっている。どの業種でも同様の傾向で, 男女間の賃金格差は50代でピークに達している。男女間の賃金格差が比較的小さい業種として教育・学習支援事業があるが, それ以外の幅広い業種で男女間の賃金格差が年齢とともに拡大していく傾向がある。これは日本では, 一般職・総合職と分けて採用していることも要因の1つと考えられる。女性の活躍の進捗度合いを把握する上で, 男女間の賃金格差の縮小の程度にも注目し, 政策の効果を適切に検証することが重要であろう。

女性が活躍すれば, 男女間の賃金格差が小さくなることが期待される。女性の経済力の向上は, 貯蓄・年金を通じて女性の高齢期の生活水準に影響を与え

る。また,昨今増加している母子世帯の経済状況の改善にも寄与し得る。

　スウェーデンとオランダは,1時間当たりの賃金に関する男女間の格差は日本よりも小さいが,働く時間の長さを加味した年収に注目すると,違った観点が浮かび上がる。スウェーデンでは,男女共にフルタイムで働くことができる環境を整えた結果,女性の年収は男性の年収の約90％に達している。一方,日本の女性の年収は男性の約70％となっている[注52]。オランダは女性の労働参加率は日本より高いが[注53],オランダの女性はパートタイムを選好して労働時間が男性よりも短いため,女性の年収は男性の年収の約60％にとどまっている。

　また,管理職に占める女性の割合をみると,オランダは20％を超えているが(日本は約10％),30％を超えているスウェーデンと比較すると女性の管理職割合は低い(**図表2-1**)。スウェーデンとオランダは,女性を中心に労働者が働きやすいよう労働環境を整え,女性の活躍度合いを示す1時間当たりの賃金の男女間格差は小さいが,女性の管理職割合や労働時間の長さを反映する男女間の年収格差の程度は異なる。

　政策が効いて女性の労働参加率が90％近くなってから,スウェーデンは約30年が経過し,オランダは約10年程度が経過した。それぞれの国のアプローチや文化の違いが反映された結果が現状と言える。スウェーデンとオランダの女性の就労の仕方に違いがあることも示唆に富む。

　今でこそ女性の労働参加が進んでいるスウェーデンとオランダも,以前は日本と同程度の労働参加率だった。スウェーデンは1970年代に労働環境や保育環境の整備を進め,男女ともにフルタイムで働き続けることができる社会を構築した。オランダは1990年代にライフスタイルに合わせて労働時間選択の自由度を高めることで,労働者が働きやすい社会を構築した。スウェーデンやオランダの経験から,日本も保育事情や働き方について参考にできるのではないだろうか。女性が活躍できる社会を目指すことは,女性のみならず男性にとってもより活躍しやすい社会に移り変わるきっかけとなる。

注■

1　幸福度を測る指標は,1人当たりGDP,社会的支援,健康寿命,人生の選択に関する自由度,社会的寛容度,政治的汚染度及び社会の反ユートピア度となっている。
2　OECD(2016)

3 2015年9月5日ヒアリング。
4 2015年9月5日ヒアリング。
5 高橋（2007）
6 レグランド塚口（2006）
7 高橋（2007）
8 藤井（2002）
9 高橋（2007）
10 高橋（2011）
11 古橋（1997）「婦人少年協会」によれば，1971年の税制改革では子どものいる妻に対する控除は改正されていない。完全な妻への控除廃止は1991年の税改正で行われている。
12 2015年9月5日ヒアリング。
13 1週間当たり17時間以上勤務した場合，医療保険，付加年金，失業保険が適用される。
14 厚生労働省（2014）「2014年海外情勢報告」によると，両親手当の受給期は，2014年1月1日以降に生まれた子どもについて，それまでの「8歳まで」から「12歳または小学校の第5学年を終了するまで」に延長された。
15 スウェーデン文化交流協会（2005）
16 訓覇（2010）
17 田中（2009）
18 日本では，保育所の利用は「保護者の労働又は疾病その他の事由により，その監護すべき乳児，幼児その他の児童について保育を必要とする場合において」と定められている。
19 レグランド（2006）
20 高橋（2011）
21 スウェーデン文化交流協会（2005）
22 渡邉（2013）
23 OECD.Stat より。データは2014年のもの。
24 独立行政法人経済産業研究所（RIETI）が，2010年2月から2010年6月にかけて，従業員250人以上の企業100社を対象に調査を実施。
25 データブック国際労働比較2015。データは2013年。
26 日本の女性は末子年齢が低いほど専業主婦が多く「家にいることが多い」とする回答が大半を占める。平均時刻はこれらの回答を除いて作成されている点に注意が必要。スウェーデンでの調査時期は2003年12月，日本の調査時期は1999年7月となっている。
27 中谷（2015）
28 中谷（2015）
29 社会保障はパートタイム労働者にも拡大されたが，それまで企業が負担していた社会保障費については，給与の増額や一時的な調整加給金制度によって，労働者が負担する仕組みにシフトされた。
30 権丈（2011）
31 山口（2009）
32 オランダの統計データバンクサイト Stat Line。

33 中谷（2015）
34 中谷（2015）
35 社会経済政策に関する最高諮問機関（Sociaal-Economische Raad）
36 中谷（2015）
37 控除を使いきれなかった場合は，社会保障費と相殺される。税額控除の項目や控除額は毎年の税制改正によって随時見直し・変更がなされている。
38 長坂（2001）によれば1973年に世帯単位または個人単位について選択制（オプション）となっている。
39 内閣府（2002）
40 税制改正が就業を選択する確率を増加させ，特に低・中学歴の女性で有意に働くことが明らかにされた。また，税制改正によって，全体では女性の労働量が増加し，女性の週の平均労働時間は0.37時間増加したとされている（柴（2014））。
41 オランダにおいて家事や育児などの無償労働は有償労働に劣るものとはみなされず，むしろ有償労働とは別の価値を有するものとして人々の生活に重要な位置を占めて（中谷（2015））おり，女性が外の仕事をするようになった場合，家庭の仕事を男性も受け持つのは当然という発想だという。
42 中谷（2015）
43 中谷（2015）
44 権丈（2011）
45 オランダではパートタイム勤務の中でも19時間以下のパートタイムを「小パート」，20〜27時間が「中パート」，28〜34時間が「大パート」と呼ばれる。
46 中谷（2015）
47 内閣府男女共同参画局（2011）
48 データブック国際労働比較2015。データは2013年。
49 内閣府（2015）
50 スウェーデンと日本は OECD Gender Wage Gap，オランダは Eurostat を参照。データはそれぞれ2012年時点。
51 厚生労働省「平成26年賃金構造基本統計調査」
52 ILO.Stat より作成。データは2015年時点。
53 15〜64歳までの女性の平均労働参加率を比べると，2010年時点で日本は約70％であるが，スウェーデンは約80％，オランダは約75％となっている。

参考文献■

岡沢憲芙（2014），『男女機会均等社会への挑戦』，彩流社．
訓覇法子（2010），「スウェーデンの"EDUCARE"モデルの形成過程と政策視座」，『海外社会保障研究』，No.173．
厚生労働省（2014），「2014年度海外情勢報告」．

厚生労働省（2014），「平成26年度　賃金構造基本統計調査」。
権丈英子（2011），「オランダにおけるワーク・ライフ・バランス―労働時間と就業場所の柔軟性が高い社会」。
柴由花（2014），「所得控除から税額控除への変更による効果―海外事例研究　オランダ所得税改正の影響」，財務総合政策研究所，『フィナンシャル・レビュー』，第118号。
スウェーデン文化交流協会（2005），「スウェーデンの保育制度」。
世界経済フォーラム（2015），"The Global Gender Gap Report 2015"。
高橋美恵子（2011），「スウェーデンのワーク・ライフ・バランス―柔軟性と自律性のある働き方の実践」。
高橋美恵子（2007），「スウェーデンの子育て支援―ワークライフ・バランスと子どもの権利の実現」，国立社会保障・人口問題研究所，『海外社会保障研究』，No.160。
田中恭子（2009），『保育と女性就業の都市空間構造　スウェーデン，アメリカ，日本の国際比較』，時潮社。
内閣府（2015），「男女共同参画白書　平成27年度版」。
内閣府（2002），「世界経済の潮流2002年春　世界に学ぶ―日本経済が直面する課題への教訓（税制改革，ワークシェアリング）」。
内閣府経済社会総合研究所（2004），「スウェーデンの家族と少子化対策への含意―『スウェーデン家庭生活調査』から」。
内閣府男女共同参画局（2011），「諸外国における政策・方針決定過程への女性の参画に関する調査―オランダ王国・ノルウェー王国・シンガポール共和国・アメリカ合衆国」。
中谷文美（2015），『オランダ流ワークライフ・バランス』，世界思想社。
長坂寿久（2001），「経済の発展・衰退・再生に関する研究会報告書」，財務総合政策研究所。
日本生産性本部生産性総合研究センター（2014），「労働生産性の国際比較2014年度版」。
藤井威（2002），『スウェーデン・スペシャルⅠ―高福祉高負担政策の背景と現状』，新評論。
古橋エツ子（1997），「スウェーデンの育児休暇法制度」，婦人少年協会，『諸外国における育児休業制度』。
山口一男（2009），『ワークライフバランス―実証と政策提言』，日本経済新聞出版社。
レグランド塚口淑子（2006），『女たちのスウェーデン』，ノルディック出版。
労働政策研究・研修機構（2015），「データブック国際労働比較2015」。
渡邉芳樹（2013），『スーパーモデル・スウェーデン―変容を続ける福祉国家』，法研。
Helliwell, John F., Richard Layard, and Jeffrey Sachs (2015), "World Happiness Report 2015".
IPU (2015), "Women in national parliaments", Quota Project "Global Database quotas for women".
OECD (2014), "Education at a Glance 2014".
OECD (2016), "Fertility rates (indicator)".
UNDP (2015), "Human Development Reports 2015".
World Economic Forum (2015), "Global Gender Gap Report 2015".
World Value Survey (2014), "World Values Survey Wave 6: 2010-2014".

■第3章
成人男女のジェンダー意識の類型と規定要因
―潜在クラス分析に基づいて―

本田　由紀／林川　友貴

　本章では，潜在クラス分析という統計手法を用いて，成人男女のジェンダー意識の類型を取りだし，各類型にどのような要因が関連しているかを明らかにすることを試みる。配偶の有無により比率は違うものの，男性では〈保守・仕事積極〉,〈リベラル・仕事消極〉,〈リベラル・仕事積極〉，女性では〈保守・仕事消極〉,〈リベラル・仕事消極〉,〈リベラル・仕事積極〉というそれぞれ3つのジェンダー意識類型が見いだされた。特に有配偶女性では，1995年時点での研究と比較して〈リベラル・仕事消極〉類型が増加していることが注目される。これらの意識類型は，自身の能力や仕事上の「強み」に関する自信，親のジェンダー意識，職場における中高年男性のワーク・ライフ・バランスへの態度などから影響を受けている。

1．問題意識

　周知のように，2012年12月に発足した第二次安倍内閣は,「女性の活躍」を政策的に推進してきた。2015年10月以降の第三次安倍内閣下では，スローガンは「一億総活躍」へと拡張されたが，いわゆる女性活躍推進法（2015年8月28日成立，2016年4月1日施行）などを含め，依然として「女性の活躍」は重要な政策課題の1つとされている。
　では,「女性の活躍」は，これまでどれほど進展してきたのか。**図表3－1**にあるように，未婚女性・有配偶女性とも，特に20代後半から30代にかけて，労働力率には上昇がみられる。
　しかし，就労の内容については楽観できない状況にある。**図表3－2**にあるように，過去10年間に女性はどの年齢層でも就労者中の非正規雇用者比率が漸増もしくは停滞しており，25～34歳層以外の年齢層では非正規雇用者が半数を

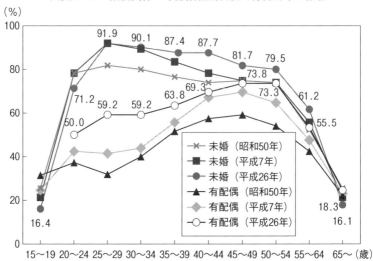

図表3-1　配偶関係・年齢階級別女性の労働力率の推移

（備考）1．総務省「労働力調査（基本集計）」より作成。
　　　　2．「労働力率」は，15歳以上人口に占める労働力人口（就業者＋完全失業者）の割合。
　　　　3．15～19歳有配偶（平成26年）の値は，該当する数値がないため，表示していない。
（出所）　内閣府男女共同参画局「平成27年版　男女共同参画白書」。

超え，45～54歳では約6割，55～64歳では約7割に達している。

　他方で，**図表3-3**をみると，役職者に占める女性比率は徐々にではあるが上昇してきている。しかし，管理的職業従事者に女性が占める比率は，ほかの先進諸国では軒並み3割を超えているのに対し，日本は韓国と並んで約11％と極めて低い水準に留まっている（図表は省略）。

　このように，「女性の活躍」が政策的に謳われながらも，現実にははかばかしい進展がみられない状況にある。何がそれを阻んでいるのかについても，日本に特徴的な雇用慣行等をはじめ，すでに多くの指摘があるが，重要な原因として看過できないのは，ジェンダーに関する人々の意識である。例えば**図表3-4**は，「夫は外で働き，妻は家庭を守るべきである」という，いわゆる性別役割分業の考え方に関する意識の変化を示したものである。長期的にはこの考え方に反対する意見が増加してきているが，2012年（平成24年）には男女とも賛成が増加しており，2014年（平成26年）には再び賛成が減るが，2009年（平成21年）に比べるとまだやや多いという，微妙な推移が近年において生じている。

第3章 成人男女のジェンダー意識の類型と規定要因―潜在クラス分析に基づいて― 75

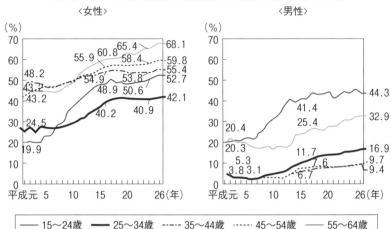

図表3-2 年齢階級別非正規雇用者の割合の推移（男女別）

（備考）1．平成元年から13年までは総務庁「労働力調査特別調査」（各年2月）より，14年以降は総務省「労働力調査（詳細集計）」（年平均）より作成。「労働力調査特別調査」と「労働力調査（詳細集計）」とでは，調査方法，調査月等が相違することから，時系列比較には注意を要する。
2．非正規雇用者の割合＝「非正規の職員・従業員」／（「正規の職員・従業員」＋「非正規の職員・従業員」）×100。
3．平成23年値は，岩手県，宮城県及び福島県について総務省が補完的に推計した値を用いている。
（出所）内閣府男女共同参画局「平成27年版　男女共同参画白書」。

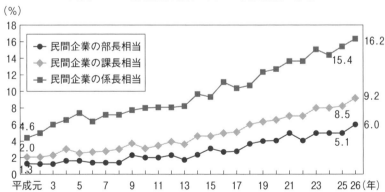

図表3-3 階級別役職者に占める女性割合の推移

（備考）1．厚生労働省「賃金構造基本統計調査」より作成。
2．常用労働者100人以上を雇用する企業に属する労働者のうち，雇用期間の定めがない者における役職者。
（出所）内閣府男女共同参画局「平成27年版　男女共同参画白書」。

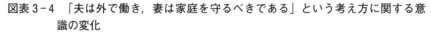

図表3-4 「夫は外で働き，妻は家庭を守るべきである」という考え方に関する意識の変化

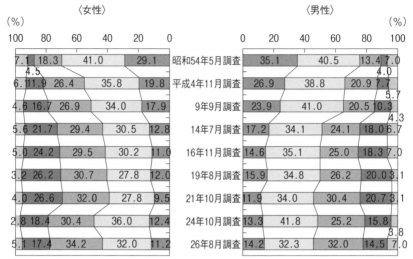

□ わからない　■ 反対　■ どちらかといえば反対　□ どちらかといえば賛成　■ 賛成

（備考）　内閣府「男女共同参画社会に関する世論調査」（昭和54年～平成24年），「女性の活躍推進に関する世論調査」（平成26年）より作成。
（出所）　内閣府男女共同参画局「平成27年版　男女共同参画白書」。

　いくら政策的に「女性の活躍」が推進されても，日本の人々の意識の中に，その実現を阻む要素が色濃く観察されるならば，諸政策は空転するだけに終わるおそれがある。なぜなら，ジェンダー面に限らず，人々の意識と実際の行動とが密接に関連していることを示す研究結果は枚挙に暇がないからである。そのような，人々のジェンダー意識のあり方をより深く正確に把握するためには，図表3-4のような長期推移だけでなく，意識の複雑な構造，例えば互いに異なる特徴を持つ複数のグループの存在や，そのいずれにも共通するような暗黙の前提を，きめ細かく取り出す分析が求められる。本章では，そうした分析に適している潜在クラス分析という統計手法を用いることにより，ジェンダー意識に関する実証的研究に対して貢献することを目的とする。

2. 先行研究

 ジェンダー意識については多くの研究蓄積があり，その複雑性・多元性も指摘されてきた。例えば大和（1995）は，「男は仕事，女は家庭」という性別による役割の振り分けという次元だけでなく，「女性にはもともと愛情が備わっており，その愛情によって女性が再生産役割を担うことが家族メンバーの成長や安心のために役立つ」という，「（女性の）愛による再生産役割」というもう1つの次元が存在し，後者が女性と家族責任とを強力に結び付けていることを指摘している。島（1999）の調査は，このような指摘を裏づけている。

 こうした複雑性・多元性を含み持つジェンダー意識の構造や変化を把握するために，これまでの研究は，さまざまな分析手法を導入してきた。例えば，近年の蓄積が厚いのは，長期にわたり繰り返し実施されてきた調査の意識項目を使用し，コーホート交代効果と個人変化の影響を検討する研究である（Lee et al. 2010，佐々木 2012，釜野 2013，永瀬・太郎丸 2014など）。それ以外にも，因子分析や主成分分析による意識項目の集約（乾 2011など），構造方程式モデリングによる多数の変数間の関係の把握（菅野 1999）などの多様な分析が試みられている。しかし，総じてこれまでの研究手法には，調査対象の内部に存在する複数のグループを，分析者があらかじめ分類軸を定めるのではなく，データ内在的に抽出するという研究関心には，十分に応えられていないと言える。

 他方で近年，教育意識や政治意識，階層意識などに潜在クラス分析を適用することにより，分析対象内に潜在している意識類型を抽出する研究が進展している（藤原他 2012，中澤 2015など）。潜在クラス分析の手法的な特徴については，3.(2)で後述する。ジェンダー意識に潜在クラス分析を適用した既存研究としては，有配偶女性を対象とした山口（1999）およびYamaguchi（2000）があるが，その後は進展が滞っている。この山口（1999），Yamaguchi（2000）においては，日本の有配偶女性の内部に，「性別平等支持・職業志向型」，「性別役割支持型」，「性別平等支持・非職業志向型」という3つの潜在クラスが見いだされており，性別平等支持か性別役割支持かという狭義のジェンダー意識に加えて，職業志向か非職業志向かという区分によって意識類型が規定されていることが重要な発見である。

本章では，上記の山口（1999），Yamaguchi（2000）を引き継ぎ，約20年後の現在に焦点を当て，かつ分析対象を男性および無配偶者にも広げて，それぞれの層のジェンダー意識類型を抽出し，さらにそれらの類型と他の諸変数との影響関係を探ることに取り組む。

3．データと方法

(1) 使用するデータ

本分析が使用するデータは，2014年にプラチナ構想ネットワーク「女性の活躍」ワーキンググループが実施した，「女性の活躍」に関する調査である。調査概要を**図表3-5**に，サンプル構成を**図表3-6**に示した。

この調査の特長は，20～50代の男女について，有配偶・無配偶の比率が母集団を反映するようにサンプルを割り付けて実施していること，「女性の活躍」に関連する質問項目が豊富に盛り込まれていることである。逆にこの調査の限

図表3-5　調査の概要

■調査票タイトル	「女性の活躍」に関するアンケート
■調査方法	インターネットリサーチ
■実施機関	株式会社マクロミル
■実施期間	2014年5月13日（火）～2014年5月15日（木）
■割付条件	下記の通り（有効サンプル合計，2067）

図表3-6　サンプルの構成

		20～29歳	30～39歳	40～49歳	50～59歳	計
男性	既婚	38	163	185	197	1,037
	未婚	181	128	84	61	
女性	既婚	52	188	199	209	1,030
	未婚	162	98	67	55	
	計	433	577	535	522	2,067

界は,インターネットモニターを対象とした調査であることから,モニター特有の意識傾向(本多 2006)が結果に影響している可能性を否定できないことである。より精確な調査研究のためには訪問調査もしくは郵送調査によるデータの方が望ましいが,近年の回収率の低下傾向により訪問調査・郵送調査が万全なデータとも言い切れないことから,現時点で使用でき上記の特長をも備えたデータとして,この「女性の活躍」調査を分析に用いる。

4. では,このデータにおける有配偶男性,有配偶女性,無配偶男性,無配偶女性という4つの対象層に対して,それぞれ潜在クラス分析を適用した結果を順次提示してゆくが,それに先立って次項では潜在クラス分析の手法的特徴を簡略に解説しておく。

(2) 潜在クラス分析について

本章の研究目的に照らせば,ジェンダーに関する意識をとらえた各質問項目への回答傾向が,対象とする集団内でどのようなパターンを形成しているのかを把握できるような手法を用いることが望ましい。そこで本章では潜在クラス分析 (latent class analysis) を使用する。

潜在クラス分析は,因子分析などの他の潜在変数モデルと同様に,各変数の観測値が潜在変数と誤差という2要因により決定されるという枠組みに基づいた計量モデルの1つである (Collins & Lanza 2010:4)。その中での潜在クラス分析の特徴は,潜在変数/顕在変数ともに連続変数ではなくカテゴリカルな変数とされる点である。この点について,潜在クラス分析による計量社会学的アプローチを解説した藤原他 (2012:44) は,「因子分析の1つの目的が,複数の連続変数の背後にある連続的な概念を抽出することにある一方で,潜在クラス分析では,複数のカテゴリカルな顕在変数に対する異なるパターンの反応を,潜在クラスとして抽出することにある」と述べている。

このような潜在クラス分析の特徴は,回答者の意識や行動についてのカテゴリカル変数が豊富に含まれるような社会調査データを用いて,カテゴリカルな概念を剔出するような分析に非常に適合的であり (三輪 2009),ジェンダー意識の類型を抽出することを目的とする本章は,まさにそのようなケースに当たる。本章にとって重要な先行研究である山口 (1999) も,「潜在クラス分析は反応パターンの類型化を試みるので,例えば伝統的役割態度をとる者の中に異質性があればそれを異なった反応パターンとして発見でき」(p.51) るという,

この手法の特性を活かした分析を行っている。

なお，複数の観測された変数から分析対象の集団をグループ化するという点ではクラスター分析も潜在クラス分析と共通した特徴を持つが，潜在クラス分析においては個人の各クラスへの所属を所属確率として表現できる点で違いがある（守口　2008）。さらに，最尤推定法を用いたモデルベースでのクラス数決定ができる点，連続変数のスケーリングの問題を回避できる点も，クラスター分析に比した潜在クラス分析の優れた点である（藤原ほか　2012）。

4．潜在クラス分析の結果

本分析では，以下の図表3-7～3-10の表側に示した質問項目を，広い意味でのジェンダー関連項目とみなして潜在クラス分析に投入した。いずれの対象層に関しても3クラスモデルが適合的であったため，それぞれ3つずつの潜在クラスが抽出されている。有配偶男性，有配偶女性，無配偶男性，無配偶女性のそれぞれの結果について，順次検討を加える。

(1)　有配偶男性に関する潜在クラス分析結果

まず，有配偶男性についての潜在クラス分析結果を**図表3-7**に示した。

図表の2行目には各潜在クラスの構成割合を示した。表の中の網掛けのセルは，各潜在クラスにおいて該当比率が高い項目，すなわち各潜在クラスを特徴づける項目を意味している。

クラス1は，対象者の4割強を占めている。網掛けのセルをみると，子どもやお年寄りのケアと女性を結び付けて考えていること，男性の家事役割の否定，男性より女性が収入が高いことの否定など，伝統的な性別役割分業意識が強いこと，仕事での活躍にはかなり肯定的であることから，ジェンダー意識については保守的で仕事には積極的である〈保守・仕事積極〉類型であると解釈できる。ただし，保守的な性格の強いこの層でも，男性の稼得責任を支持する比率は28％にとどまり，また68％はワーク・ライフ・バランスに対して支持的である。

クラス2は，対象者の3割強を占める。中間的な回答が多いが，女性のケア役割や男性の稼得責任については肯定の比率が相対的に少ないこと，また「仕事でもっと活躍したい」への支持が少なく「できれば働きたくない」への支持

図表 3-7　有配偶男性の潜在クラス分析結果

有配偶男性（3クラスモデル）

	全体	クラス1	クラス2	クラス3
クラス構成割合	100.0%	43.3%	32.2%	24.6%
	各変数の肯定割合			
Q5A　女性がもっと社会でリーダーになるべきだ	0.897	0.439	0.620	0.907
Q5B　家族を養い守るのは男の責任だ	0.163	0.277	0.009	0.164
Q5C　男性も女性も仕事と家族・育児・介護を両立できるべきだ	0.815	0.679	0.861	0.993
Q5D　子どもをきちんと育てるためには，子どもが3歳になるまで母親が家にいたほうがいい	0.731	0.911	0.549	0.651
Q5E　生まれ変わっても今の性別になりたい	0.770	0.880	0.523	0.900
Q5F　男性が家事・育児・介護をするのは男らしくない	0.678	0.799	0.727	0.399
Q5G　子どもは小さいころから保育園に預けたほうが社会性が身につく	0.431	0.474	0.387	0.412
Q5H　女性が男性を立てると物事がうまく運ぶことが多い	0.732	0.949	0.572	0.560
Q5I　夫よりも妻のほうが収入が高いのはいやだ	0.345	0.621	0.103	0.174
Q5J　お年寄りの世話をするのは女性の方が向いている	0.573	0.817	0.417	0.347
Q6D　仕事でもっと活躍したい	0.660	0.739	0.379	0.890
Q6E　できれば働きたくない	0.521	0.538	0.719	0.235

BIC=8349.581, ABIC=8228.945, AIC=8183.59, log-likelihood=-4053. N=583.

が多いため，〈リベラル・仕事消極〉類型と解釈できる。しかし，リベラルではあるが，同時に男性の家事分担に対しても否定的である。また，自分の性別を肯定する度合いが比較的低いことも特徴的である。

　クラス3は，対象者の2割強を占めている。性別役割分業はあまり肯定せず，女性がリーダーになることへの支持が強いこと，仕事での活躍志向が強いことを特徴としているため，〈リベラル・仕事積極〉類型であると解釈できる。しかし，ジェンダー意識としては相対的にリベラルであるこの類型においても，3歳までは母親が家にいることを65％が支持している。

以上のように，有配偶男性の中には〈保守・仕事積極〉，〈リベラル・仕事消極〉，〈リベラル・仕事積極〉という3つの意識類型が見いだされ，その中で〈保守・仕事積極〉が最も多い。ただし，男性の稼得役割の否定，ワークライフバランスへの支持，いわゆる「3歳児神話」への支持，「女性が男性を立てると物事がうまく運ぶ」という考え方の支持など，いずれの意識類型でも過半数が支持している項目も複数存在している。

(2) 有配偶女性に関する潜在クラス分析結果

続いて，有配偶女性を対象とする潜在クラス分析結果を示したものが**図表3-8**である。

クラス1は，対象者の半数以上を占める。中間的な回答が多く，女性のケア役割や収入に関しては比較的リベラルだが，「仕事での活躍」に対しては明確に消極的な姿勢を示しているため，〈リベラル・仕事消極〉類型と解釈できる。しかし，この類型の65％はいわゆる「3歳児神話」を支持し，「女性が男性を立てると物事がうまく運ぶ」についても77％が肯定している。

クラス2は，対象者の約4分の1を占める。女性のケア役割に対して3つのクラスの中で最も否定的であり，かつ「女性がリーダーになること」や「仕事での活躍」に極めて積極的であるため，〈リベラル・仕事積極〉類型であると解釈される。しかし，この類型の中でも「女性が男性をたてる」ことを68％が肯定している。

クラス3は，対象者の2割弱を占める。性別役割分業に対して明らかに肯定的であり，極めて保守的で，仕事への意欲は高くないことから，〈保守・仕事消極〉類型と解釈できる。ただし，最も保守的であるこの類型においても，ワーク・ライフ・バランスに対しては72％が肯定しており，「男性稼ぎ手モデル」への支持は3割弱に留まっている。

このように，有配偶女性の中には，〈リベラル・仕事消極〉類型，〈リベラル・仕事積極〉類型，〈保守・仕事消極〉類型が，約55：25：20という比率で存在している。1995年時点の有配偶女性に関して同様の潜在クラス分析を行った先述の山口（1999），Yamaguchi（2000）では，「平等・非職業志向」（≒〈リベラル・仕事消極〉）が12％，「平等・職業志向」（≒〈リベラル・仕事積極〉）が41％，「性的役割支持」（≒〈保守・仕事消極〉）が47％であったことと比べると，今回の分析対象とした2014年の「女性の活躍」調査における有配偶

図表 3-8　有配偶女性の潜在クラス分析結果

有配偶女性（3クラスモデル）

	全体	クラス1	クラス2	クラス3
クラス構成割合	100.0%	55.0%	25.8%	19.2%
	各変数の肯定割合			
Q5A　女性がもっと社会でリーダーになるべきだ	0.701	0.657	0.922	0.527
Q5B　家族を養い守るのは男の責任だ	0.131	0.106	0.066	0.290
Q5C　男性も女性も仕事と家族・育児・介護を両立できるべきだ	0.867	0.871	0.966	0.724
Q5D　子どもをきちんと育てるためには，子どもが3歳になるまで母親が家にいたほうがいい	0.657	0.649	0.491	0.905
Q5E　生まれ変わっても今の性別になりたい	0.744	0.743	0.692	0.815
Q5F　男性が家事・育児・介護をするのは男らしくない	0.515	0.469	0.383	0.825
Q5G　子どもは小さいころから保育園に預けたほうが社会性が身につく	0.347	0.315	0.449	0.304
Q5H　女性が男性を立てると物事がうまく運ぶことが多い	0.772	0.771	0.677	0.901
Q5I　夫よりも妻のほうが収入が高いのはいやだ	0.343	0.214	0.217	0.878
Q5J　お年寄りの世話をするのは女性の方が向いている	0.347	0.251	0.285	0.705
Q6D　仕事でもっと活躍したい	0.457	0.217	1.000	0.413
Q6E　できれば働きたくない	0.511	0.680	0.027	0.674

BIC＝9179.841, ABIC＝9059.192, AIC＝9009.833, log-likelihoood＝－4466.9
N＝648.

女性では，〈リベラル・仕事消極〉が大幅に増加していることになる。リベラルな意識類型が1995年SSM調査の53％（12％＋41％）から2014年「女性の活躍」調査では80％（55％＋25％）へと大きく増加しているとともに，仕事に消極的な意識も1995年SSM調査の59％（12％＋47％）から2014年「女性の活躍」調査では75％（55％＋20％）へと増大しているのである。有配偶女性の中で，ジェンダー意識という点では，性別間の平等志向が広がっているのに対して，仕事に関しては消極的な意識が拡大しているという結果は注目に値する。

　ただし，「女性の活躍」調査の有配偶女性において，このような〈リベラ

ル・仕事消極〉類型が大幅に拡大した原因として，母集団における意識変容だけでなく，インターネットモニター調査であることが影響しているおそれがあることは否定できない。しかし，Lee et al.（2010）は，2002年時点のデータで同様の方向の変化がすでに現れていることを指摘しているため，今回の結果には社会変化が過大に現れている可能性があるとはいえ，1つの調査結果として報告することには意味があると考える。いずれにしても，異なるデータによる追試は必要とされる。

(3) **無配偶男性に関する潜在クラス分析結果**

図表3-9は，無配偶男性を対象とした潜在クラス分析の結果である。

クラス1は，対象層の半数を占めている。ワーク・ライフ・バランスを明確に支持し，性別役割分業を支持する度合いは比較的低く，仕事での活躍への支持が過半数であるため，〈リベラル・仕事積極〉類型と解釈してよいと考えられる。しかし同時に「できれば働きたくない」への支持も6割を超えており，「3歳児神話」を61％が肯定している。

クラス2は半数弱を占めている。性別役割分業を支持しており，明確に保守的で，仕事での活躍は7割が肯定していることから，〈保守・仕事積極〉類型と解釈できる。他方で，男性稼ぎ手モデルを強く否定しており，ワーク・ライフ・バランスは8割以上が支持している。

クラス3は，対象層の約5％と少数派である。性別役割分業を含め総じて否定的な回答が多く，男性の稼ぎ手役割・家事役割のいずれも強く否定している。仕事での活躍には極めて消極的だが，「働きたくない」意識が特に強いわけではない。一応は〈リベラル・仕事消極〉類型と解釈することができるが，回答傾向からは無気力さがうかがわれる。

(4) **無配偶女性に関する潜在クラス分析結果**

図表3-10は，無配偶女性を対象とした潜在クラス分析の結果である。

クラス1は，対象層の36％を占める。女性がリーダーになることに対しては強く支持しているが，性別役割分業に関しては中間的な回答が多い。仕事での活躍に対しては積極的である。それゆえ相対的に〈リベラル・仕事積極〉類型と解釈できる。しかし「女性が男性を立てると物事がうまく運ぶことが多い」ということを8割近くが支持している。

図表3-9　無配偶男性の潜在クラス分析結果

無配偶男性（3クラスモデル）

	全体	クラス1	クラス2	クラス3
クラス構成割合	100.0%	50.0%	45.5%	4.5%
	各変数の肯定割合			
Q5A　女性がもっと社会でリーダーになるべきだ	0.586	0.698	0.520	0.000
Q5B　家族を養い守るのは男の責任だ	0.066	0.056	0.084	0.000
Q5C　男性も女性も仕事と家族・育児・介護を両立できるべきだ	0.835	0.909	0.818	0.183
Q5D　子どもをきちんと育てるためには，子どもが3歳になるまで母親が家にいたほうがいい	0.670	0.616	0.787	0.074
Q5E　生まれ変わっても今の性別になりたい	0.714	0.712	0.782	0.056
Q5F　男性が家事・育児・介護をするのは男らしくない	0.676	0.479	0.888	0.733
Q5G　子どもは小さいころから保育園に預けたほうが社会性が身につく	0.469	0.367	0.628	0.000
Q5H　女性が男性を立てると物事がうまく運ぶことが多い	0.588	0.349	0.910	0.000
Q5I　夫よりも妻のほうが収入が高いのはいやだ	0.306	0.114	0.548	0.000
Q5J　お年寄りの世話をするのは女性の方が向いている	0.504	0.299	0.781	0.000
Q6D　仕事でもっと活躍したい	0.590	0.547	0.697	0.000
Q6E　できれば働きたくない	0.588	0.623	0.558	0.501

BIC=6495.735, ABIC=6375.136, AIC=6339.247, log-likelihoood=-4440.454
N=454.

　クラス2は，対象層の33％を占める。総じて否定的もしくはリベラル寄りの回答傾向であり，仕事での活躍に関してはクラス1と比べて消極的であることから，〈リベラル・仕事消極〉類型と解釈できる。

　クラス3は，対象層の31％を占める。性別役割分業に対して肯定度が強く，仕事には消極的であることから，〈保守・仕事消極〉類型と解釈することができる。同時に，男性の稼得役割を支持しているのは4人に1人に留まる。

図表3-10 無配偶女性の潜在クラス分析結果

無配偶女性（3クラスモデル）

	全体	クラス1	クラス2	クラス3
クラス構成割合	100.0%	35.9%	33.0%	31.1%
	各変数の肯定割合			
Q5A 女性がもっと社会でリーダーになるべきだ	0.678	0.958	0.603	0.434
Q5B 家族を養い守るのは男の責任だ	0.152	0.105	0.100	0.262
Q5C 男性も女性も仕事と家族・育児・介護を両立できるべきだ	0.848	0.986	0.825	0.714
Q5D 子どもをきちんと育てるためには，子どもが3歳になるまで母親が家にいたほうがいい	0.647	0.627	0.487	0.838
Q5E 生まれ変わっても今の性別になりたい	0.649	0.682	0.444	0.829
Q5F 男性が家事・育児・介護をするのは男らしくない	0.545	0.469	0.410	0.774
Q5G 子どもは小さいころから保育園に預けたほうが社会性が身につく	0.435	0.563	0.340	0.387
Q5H 女性が男性を立てると物事がうまく運ぶことが多い	0.728	0.796	0.494	0.897
Q5I 夫よりも妻のほうが収入が高いのはいやだ	0.393	0.303	0.088	0.819
Q5J お年寄りの世話をするのは女性の方が向いている	0.327	0.393	0.075	0.519
Q6D 仕事でもっと活躍したい	0.560	0.885	0.430	0.324
Q6E できれば働きたくない	0.584	0.257	0.643	0.897

BIC＝5608.336, ABIC＝5487.769 , AIC＝5458.41, log-likelihoood＝－2691.205
N＝382.

(5) 潜在クラス分析結果の小括

以上の4つの対象層に関する潜在クラス分析結果を集約したものが，**図表3-11**である。

ここから得られる知見として，第1に，図表3-11の「リベラル」の列を縦にみると，有配偶女性はリベラル内部に仕事への消極層と積極層が分かれると

図表 3-11 潜在クラス分析結果の集約

	リベラル	保守
仕事積極	有配偶男性：クラス3 有配偶女性：クラス2 **無配偶男性：クラス1** **無配偶女性：クラス1**	**有配偶男性：クラス1** 無配偶男性：クラス2
仕事消極	有配偶男性：クラス2 **有配偶女性：クラス1** 無配偶男性：クラス3 無配偶女性：クラス2	有配偶女性：クラス3 無配偶女性：クラス3

(注) 各対象層の中で最も多数を占めるクラス1を太字で示している。

いう知見は山口（1999），Yamaguchi（2000）と共通するが，同様の点は男性や未婚女性など，全ての対象層について観察されることが分かる。

第2に，図表3-11の保守の列を縦にみると，保守と結びつくのは男性の場合は仕事積極であるのに対し，女性の場合は仕事消極であり，明らかに対照的である。

第3に，図表3-11の各行を横にみると，男性は仕事積極層内部が，女性は仕事消極層内部が，それぞれリベラルと保守に分かれる。その点で，男女間の平等を志向するか否かと，仕事への積極性とは，男女のいずれについても互いに独立した要素であると言える。

第4に，有配偶男性において多数派であるクラス1は〈保守・仕事積極〉であるのに対し，有配偶女性において多数派であるクラス1は〈リベラル・仕事消極〉であり，正反対の位置にある。配偶者を持つ男女間で仕事への積極性と消極性が非対称であることは，分業の成立を意味しており，必ずしも問題化しないと考えられるが，ジェンダー意識に関する保守とリベラルの違いは男女間で対立を生むおそれがある。

第5に，無配偶の男女においては〈リベラル・仕事積極〉が，多数派であるクラス1となっている。これと有配偶男女のクラス1の位置とを合わせて考えるならば，男性は無配偶から有配偶になると仕事への積極性が維持されたままジェンダー意識がリベラルから保守へと（横に）移動するのに対し，女性は無配偶から有配偶になるとジェンダー意識がリベラルなまま仕事への積極性が消

極へと（縦に）移動すると言える。

第6に，潜在クラス分析で見いだされた上記の諸類型は，各対象層内部の相対的な違いであり，各対象層に共通するような意識傾向も存在する。例えば，男性の稼得役割の否定やワーク・ライフ・バランスの重要性への肯定は，多くの層や類型の間で同様にみられ，これらの点ではいわば共通認識が形成されている。他方で，いわゆる「3歳児神話」や「男性を女性が立てると物事がうまく運ぶ」ということへの支持も，多くの層や意識類型でかなり広く存在しており，特に後者については女性の中でむしろ肯定が多い。これらが前提として共有されていることは，「女性の活躍」にとって阻害要因となると考えられる。

5．各潜在クラスの規定要因

前節で見いだされた，4つの対象層それぞれの内部の潜在クラスが，他のどのような変数と関連を持っているのかを検討するため，対象層別に多項ロジスティック分析を行った。その結果を**図表3-12**に示す。

多項ロジスティック回帰分析は，各層におけるクラス3を基準としてクラス1とクラス2の特性をみるという形で行った。独立変数として投入した変数は，各意識類型とのクロス集計等で有意差がみられたものから選択した。独立変数中の「てきぱき・はきはき度」とは，「ものごとをてきぱきと進められるほうだ」と「自分の意見をはっきり言えるほうだ」に対する4件の回答に1〜4点を与えて加算したスコアである（Cronbachの $\alpha = 0.661$）。また，従属変数である潜在クラスについては，事後所属確率による modal assignment によって各個人に対し1つずつクラスを割り当てている。ただし modal assignment については，潜在クラス抽出時に共変量（本章では多項ロジット回帰における独立変数に当たる）を投入して同時推定する場合に比して，共変量との関連が過小推定されてしまう可能性が指摘（Chan and Koo 2011）されており，留意が必要である。

まず有配偶男性については，クラス1の〈保守・仕事積極〉類型は家事分担比率が少なく，自身の親が女性が働くことを肯定していないという特徴を持つ。また，クラス2の〈リベラル・仕事消極〉類型は，仕事上の強みに関する自認およびてきぱき・はきはき度，職場の女性上司の存在と負の関連を持っている。

有配偶女性に関しては，クラス1の〈リベラル・仕事消極〉類型は，てきぱ

図表3-12 意識類型と関連する要因についての多項ロジスティック回帰分析結果（値はB）

	有配偶男性 (RG: リベラル・仕事積極)		有配偶女性 (RG: 保守・仕事消極)		無配偶男性 (RG: リベラル・仕事積極)		無配偶女性 (RG: 保守・仕事消極)	
	保守・仕事積極	リベラル・仕事消極	リベラル・仕事消極	リベラル・仕事積極	リベラル・仕事積極	保守・仕事消極	リベラル・仕事積極	リベラル・仕事消極
切片	1.869	.875	3.500**	-.527	-4.215	-4.538	2.483*	1.370
年齢	.015	.001	.001	-.006	.019	.041	.017	-.014
子ども有り（ダミー）	.347	-.101	.066	.414				
学歴大卒以上（ダミー）	-.367	-.308	.049	.298	.093	.151	-.049	.372
年収	.000	.001	.001	.001	.002	.001	.000	.000
労働時間	-.003	-.012	-.013	.002	.000	-.004	.005	-.019+
正社員（ダミー）	-.673	-.898	-.399	-.908+	-1.225	-1.086	.169	-.103
無業（ダミー）	-.709	-1.136	.111	-.352	-.791	-.627	-.353	-1.050+
家事負担比率	-0.023**	.007	-0.011	-.006	.008	.007	.001	-.003
仕事上の強み有り（ダミー）	-.296	-.643*	.376	0.813**	.746	.625	0.918**	-.288
てきぱき・はきはき度	-.048	-.394**	-.290**	.068	.395	.607*	.184+	-.174
親は女性が働くことをよいことだと考えている	-0.477*	-.093	.038	0.810***	0.978*	0.822+	0.718***	0.391+
仕事や家事以外に充実した自分の時間をもてている	-.017	.090	.042	-0.557**	0.954*	0.923*	-.201	-0.423*
職場に女性の管理職がいる（ダミー）	-.298	-0.527*	-.224	-0.660+	.564	.822	.106	.146
職場で夜遅くまで残業する人が多い（ダミー）	.216	.283	0.527	.553	.679	.791	-.412	-.565
職場に家庭と仕事の両立に理解のない中高年男性が多い（ダミー）	.373	.065	-0.170	-.150	.761	1.207	-0.689+	0.874*
N	553		594		405		338	
有意確率	0.000		0.000		0.005		0.000	
Cox と Snell	0.148		0.161		0.118		0.240	
Nagelkerke	0.169		0.186		0.145		0.271	
McFadden	0.076		0.088		0.076		0.126	

（注） +：$p<0.1$，*：$p<0.05$，**：$p<0.01$，***：$p<0.001$

き・はきはき度と負の関連が見いだされる。クラス2の〈リベラル・仕事積極〉類型は，正社員であること，充実した自分の時間，職場の女性上司の存在と負の，仕事上の強みの自認および親の女性就労肯定とは正の関連を持っている。

無配偶男性については，クラス1の〈リベラル・仕事積極〉類型は，親の女性就労肯定および充実した自分の時間と正の関連がみられる。クラス2の〈保守・仕事積極〉類型は，これら2つの変数に加えて，てきぱき・はきはき度と

も正の関連がみられる。

　無配偶女性においては，クラス1の〈リベラル・仕事積極〉類型は，仕事上の強みの自認，てきぱき・はきはき度，親の女性就労肯定とは正の関連を持ち，職場に仕事と家庭の両立に理解がない中高年男性がいることとは負の関連を持っている。クラス2の〈リベラル・仕事消極〉類型は，労働時間，無業であること，充実した自分の時間とは負の関連を持っており，親の女性就労肯定および職場に仕事と家庭の両立に理解がない中高年男性がいることとは正の関連を持っている。

　このような変数間の関連から，「女性の活躍」の推進にとっていかなる示唆が得られるだろうか。「女性の活躍」を進めるためには，女性の内部に〈リベラル・仕事積極〉類型が増えることが望ましく，男性の内部で〈保守・仕事積極〉類型が減ることが望ましいと考えることができる。

　それを踏まえれば，第1に，まず有配偶女性および無配偶女性の中の〈リベラル・仕事積極〉類型の特徴から，女性が仕事に関する何らかの強みを持つことと，親世代が女性の就労を応援することが，この意識類型を促進すると言える。

　しかし第2に，有配偶女性内の〈リベラル・仕事積極〉類型は，正社員であること，充実した自分の時間を持てていること，職場に女性上司がいることとは負の関連を持っており，これらの事実は有配偶女性がジェンダー意識にしばられず仕事に取り組む上で現状にはさまざまな障害があることを意味している。この3つの負の関連から推測されるのは，①有配偶女性で正社員である場合には仕事をセーブせざるを得ないこと，②家庭を持ちつつ仕事に積極的であれば多忙さが高まり充実した自分の時間を持ちにくいこと，そして，③職場の女性上司が有配偶女性にとって必ずしもロールモデルとはなっていないということである。この①②については，有配偶女性の家事責任を夫がもっと分担するか，あるいは外部化するという方向での対策が必要である。また③については，職場内の女性同士の関係，特に女性上司が有配偶の女性部下に対して受容的・支援的姿勢で臨むことの重要性が示唆されている。

　第3に，無配偶女性において，職場内に仕事と家庭の両立に対して理解のない中高年男性がいるということが〈リベラル・仕事積極〉と負の関連を持つということは，こうした中高年男性層が「女性の活躍」にとって阻害要因となっていることを示唆している。女性にとっての上司を含む高年齢層の男性が，保

守的な考え方やふるまい方を職場内の女性に対して向けないよう，企業内での啓発や，時にはハラスメント防止という観点からの対処が不可欠であろう。

第4に，有配偶男性内の〈保守・仕事積極〉類型と関連する変数からは，やはり親の姿勢の重要性と，加えて有配偶男性の家事負担率を増加させる方向での取り組みが必要であることがうかがえる。

そして第5に，有配偶男女の内部の〈リベラル・仕事消極〉類型が，仕事上の強みやてきぱき・はきはき度と負の関連を示していることから，仕事への消極性が職業能力の自信のなさと密接につながっていることが分かる。特に，今世紀に入って，「コミュニケーション能力」や「問題解決能力」，「グローバル人材」といった，抽象度が高い能力要求が産業界から次々に掲げられてきたが，より具体的で本人にとって取得・保持の確かな実感につながるようなスキル形成の機会を，学校教育内外で社会的に保障していくことが，男女いずれもの「活躍」にとって必要条件であると考えられる。

6．まとめ

本章では，潜在クラス分析という手法を用いて，成人男女のジェンダー意識・仕事意識の類型を把握し，それらの意識類型と関連する諸要因を検討することを試みてきた。

重要な知見の1つは，男女平等を支持するかどうかというリベラル／保守の軸だけでなく，仕事に対して積極的か消極的かという，もう1つの軸がそこに組み合わさる形で，成人男女の意識類型が分化しているということである。言い換えれば，男性も女性も，リベラルなジェンダー意識を持つ層の中が，仕事に積極的な者と消極的な者とに分かれている。

そして，有配偶女性の中では，〈リベラル・仕事消極〉類型が，20年前と比べてむしろ増大している可能性がある。この〈リベラル・仕事消極〉類型は，有配偶女性だけでなくどの対象層の中にも存在しているが，仕事面での能力的な自信がないことなど，ネガティブな特徴を持つことが懸念される。無配偶女性の場合，そうした意識は職場にワーク・ライフ・バランスに理解のない中高年男性が存在することで助長されている。

また，有配偶男性の中ではいまだに〈保守・仕事積極〉類型が最大多数であることや，どのような意識類型であっても「3歳児神話」や「女性が男性を立

てると物事がうまく進む」ことを支持している割合がかなり高いことなど，「女性の活躍」にとって阻害要因となるような意識のあり方が，人々の間にはさまざまに観察される。

　「女性の活躍」は，女性活躍推進法が定めるように，ただ数値目標を掲げるだけでは実現できない。人々が置かれている現実や，人々の中に濃淡を持って存在している意識のあり方を丹念に把握し，もつれて絡み合ったさまざまな要素を解きほぐすことによってしか，その実現はかなわない。本章の分析が，そうした作業に資する一石となれば幸いである。

参考文献■

乾順子（2011），「正規就業と性別役割分業が家事分担に与える影響—NFRJ08を用いた分析」，『年報人間科学』32, pp.21-38。

釜野さおり（2013），「1990年代以降の結婚・家族・ジェンダーに関する女性の意識の変遷—何が変わって何が変わらないのか」，『人口問題研究』69-1, pp.3-41。

佐々木尚之（2012），「JGSS 累積データ 2000—2010にみる日本人の性別役割分業意識の趨勢—Age-Period-CohortAnalysis の適用」，『日本版総合的社会調査共同研究拠点研究論文集』*JGSS Research Series*, Vol.12. No.9, pp.169-181。

島直子（1999），「性別役割分業を維持する意識構造—「愛情」イデオロギーの視点から」，『年報社会学論集』No.12, pp.26-37。

菅野剛（1999），「性別役割意識の社会的規定要因—社会階層とネットワーク」，『年報人間科学』20-2，pp.325-340。

内閣府男女共同参画局（2015），「平成27年版　男女共同参画白書」。

中澤渉（2015），「日本人の意識から教育費の問題を考える」，『経済セミナー』682。

永瀬圭・太郎丸博（2014），「性役割意識のコーホート分析—若者は保守化しているか？」，『ソシオロジ』58(3), pp.19-33。

藤原翔・伊藤理史・谷岡謙（2012），「潜在クラス分析を用いた計量社会学的アプローチ—地位の非一貫性，格差意識，権威主義的伝統主義を例に」，『年報人間科学』33, pp.43-68。

本多則惠（2006），「インターネット調査・モニター調査の特質モニター型インターネット調査を活用するための課題」，『日本労働研究雑誌』No.551, pp.32-41。

三輪哲（2009），「潜在クラス入門」『理論と方法』第24巻第2号，pp.345-356。

守口剛（2008），「潜在クラス分析を用いたマーケット・セグメンテーション」，『商学研究科紀要』第66巻，早稲田大学大学院商学研究科，pp.1-13。

山口一男（1999），「既婚女性の性別役割意識と社会階層—日本と米国の共通性と異質性について」，『社会学評論』Vol.50. No.2, pp.231-252。

大和礼子（1995），「性別役割分業意識の2つの次元—"性による役割振り分け"と"愛による

再生産役割"」,『ソシオロジ』40(1), pp.109-126。
Chan, T. W. & Koo, A., 2011 "Parenting Style and Youth Outcomes in the UK", *European Sociological Review*, Vol.27, Num.3, pp.385-399.
Collins L.M. and Lanza S.T. (2010), *Latent Class and Latent Transition Analysis: With Applications in the Social, Behavioral, and Health Sciences*, John Wiley & Sons.
Lee K.S., Tufi P.A. and Alwin D.F. (2010), "Separate Spheres or Increasing Equality? : Changing Gender Beliefs in Postwar Japan", *Journal of Marriage and the Family*, Vol.72 (February), pp.184-201.
Yamaghchi and Kazuo (2000), "Multinominal Logit Latent-Class Regression Models: An Analysis of the Predictors of Gender Role Attitudes among Japanese Women", *AJS*, Vol.105. No.6.

■第4章
「女性」と「働く」の現状と今後
―生活者の意識や時代の変化からの考察―

古平　陽子

> 少子高齢化が進む中，女性が活躍できる社会の構築は重要なテーマである。しかし現状は，結婚・出産（第1子）を機にそれぞれ約3割が離職しており，企業内においてきちんとしたキャリア・パスが築けない課題を抱えている。本章では，"女性が働くこと・働き続けること"に関して，何が阻害要因かを明らかにすべく，複数の調査・分析を実施した。
> 「就業経験のある20～50代女性を対象としたアンケート調査（電通総研「女性×働く」調査）」では，離職することなく仕事を継続していくためには，就業後の環境のみならず，就業する前段階でのキャリア教育，母親以外の多様な女性のライフコースに触れる必要性が明らかになった。
> 加えて，正規・非正規などの雇用形態により，企業側の出産・育児・介護支援制度の充実度，利用しやすさに大きな乖離があることが確認できた。結婚・出産を機に正規から非正規雇用に転換する女性が多い現状を鑑みると，非正規雇用者を対象とした支援環境の改善も重要である。
> 「女性の生活意識・価値観データ（1998-2013）を活用したコーホート分析」からは，将来の結婚・出産予備軍である若年層（20～30代）は，他世代よりも，より自分らしさを大切にしたいという価値観を強く持っていることが確認できた。今後，企業や社会は，これら若年層の多様化する価値観をくみ取った上で，キャリア・パス構築支援制度を構築していくことが，さらに重要になってくるだろう。

1．「女性」の就業状況と理想のライフコース

"女性が働くこと・働き続けること"に関して，何が阻害要因かを考察するに当たり，女性の就業状況と理想のライフコースについて示しておく。内閣府「男女共同参画白書（平成25年度版）」によると，「女性の労働力率は，結婚・出産期に当たる年代にいったん低下し，育児が落ち着いた時期に再び上昇するという，いわゆる『M字カーブ』を描く」[注1]。また，女性は結婚で27.7％が

辞め，第1子出産でさらに36.0％が離職をしている状況にあり[注2]，「女性の就業形態を見ると，男性に比べて若年層でも非正規雇用が多いことに加え，多くの女性が結婚・出産期にさしかかる25歳以降で，正規雇用が減少して非正規雇用が増加する傾向が見られる」[注3]。「正規雇用として働き始めた女性も，結婚・出産等とライフイベントを重ねるにつれて，徐々に，非正規雇用，あるいは一時的な離職といった選択を行っていると考えられる」とされており[注4]，「男性にはこのようなライフステージと連動した就業形態の変化は見られない」。このような女性が働くこと・働き続けることには，男性と比べて何らかの阻害要因が伴っている。

電通総研が2015年に実施した，「就業経験のある20～50代女性を対象としたアンケート調査（「女性×働く」調査）[注5]」では，全体の8割がいったん離職し，うち約半数は，その後仕事を再開していた。**図表4-1**の通り，「仕事を継続している層（以下，継続層）[注6]」「仕事を中断し，再開した層（以下，中断再開層[注7]）」「仕事を中止したままの層（以下，中止層）」の構成比は，2：4：4であった。働き続けている「継続層」は2割しかないのである。一方で，現状の就労状況とは別に，今後の就労意向について尋ねたところ，約8割（78.8％）の人が働きたいという意向を示した。結婚，出産など何らかの理由で離職している人たちも，7割は仕事再開意向がある。

では，このような実態に対して，女性は，自身の理想のライフコースをどのようにとらえているのだろうか。内閣府の「男女参画共同白書（平成25年度版）」によると，女性35歳未満の理想のライフコースとして「再就職コース」が35.2％，「専業主婦コース」が19.7％であり，女性の54.9％は仕事を中断すること，辞めることを理想としている。

同じように仕事を辞めることをポジティブにとらえている女性の姿は，前述の電通総研の「女性×働く」調査でも浮き彫りとなった。調査結果によれば，離職経験者の約7割（69.2％）は「退職してよかった」と答えている。また，退職後の気持ちとして，収入がないことへの不安や不満を感じるものの，「自由な時間が増えた」「ストレスから解放された」など，離職という選択をポジティブにとらえている傾向がみられた。女性が離職をするとキャリアが失われると指摘されることが多いが，「辞めていなければキャリアアップできたと思う」は6.8％しかおらず，キャリアアップに対して後悔している女性は少なかった。

図表 4-1　就職時／これまで／現在の「働いている」人の割合と今後の「働きたい」意向

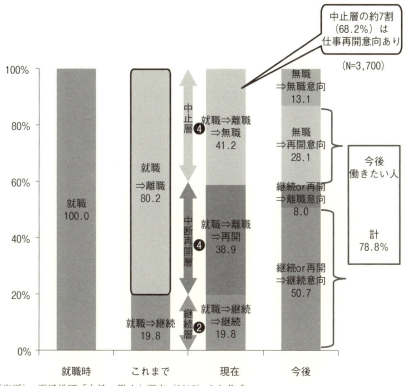

（出所）　電通総研「女性×働く」調査（2015）より作成。

　女性は，専業主婦でいることや就業を中断することもポジティブな選択肢の1つとしてとらえており，そのような個人の思いを尊重したライフコース別の視点を用いて，"働くこと・働き続けること"において，何が阻害要因となっているのかを明らかにすることが重要であろう。

2．「仕事を継続している女性（継続層）」の現状と今後

　ここでは，女性のライフコースの1つである「仕事を継続している女性（継続層）」にフォーカスして，彼女たちの現状と課題について述べたい。2007年には，関係閣僚，経済界・労働界・地方公共団体の代表等からなる「官民トップ会議」で「仕事と生活の調和（ワーク・ライフ・バランス）憲章[注8]」が策

定され，2010年には厚生労働省による「イクメンプロジェクト[注9]」も発足し，男性の育児参加を高めるための活動も活発に行われるようになった。このような，近年，女性が労働市場で活躍するためにつながる重要な施策が進められてきているが，先ほど述べたように，仕事を継続している女性（継続層）は，就業経験のある20～50代女性の約2割（19.8％）しかいない状況にある。

女性が働き続けるためには，職場や家庭環境などの外的要因だけでなく，女性自身の「仕事への価値観・意識」が影響しているのではないだろうか。その点について，以下で整理する。

(1) 女性の仕事価値観と男女の役割意識

「女性×働く」調査で，「継続層」，「中断再開層」，「中止層」のそれぞれに対し，初就職時に何歳まで働き続けたいと思っていたかを聞いたところ，その平均年齢に違いが出た。「継続層」は43.6歳に対して，「中断再開層」は37.0歳，「中止層」は33.3歳となった。また，「継続層」は60～64歳まで働くことを想定している割合が29.5％であるのに対し，「中止層」は12.7％に留まっている。初就職時点で，「継続層」，「中断再開層」の方が「中止層」よりも「長く働くこと」を想定していることが分かる。また，「働くことが当たり前だと思う」という意識も「継続層」では35.0％であるのに対し，「中断再開層」では24.1％，「中止層」では11.8％に留まっている。

さらに，「仕事価値観」と「男女の役割意識」を上記で分けた3つの層でそれぞれ比較してみる。図表4-2のように，「結婚しても仕事は続けるべきだ」，

図表4-2 仕事価値観と男女の役割意識（単位：％）

	継続層 （N=733）	中断再開層 （N=1,441）	中止層 （N=1,526）
結婚しても仕事は続けるべきだ	32.2	28.7	18.3
出産しても仕事は続けるべきだ	25.6	22.0	12.1
男性も家事をするべきである	46.8	45.0	47.9
男性も子育てをするべきである	43.8	42.9	47.7
男らしさ女らしさは 大切にすべきである	24.1	24.0	28.6

（出所）電通総研「女性×働く」調査（2015）より作成。

第4章 「女性」と「働く」の現状と今後—生活者の意識や時代の変化からの考察— 99

「出産しても仕事は続けるべきだ」という、ライフステージが変化する時の仕事継続意向が3つの層では異なっており、「継続層」が最も継続意識が強く、次いで「中断再開層」となっている。その一方、「男性も家事はすべきである」「男性も子育てをするべきである」「男らしさ女らしさは大切にすべきである」という男女の役割意識については3つの層でほぼ差がなく、現在の就業状況の違いは影響していなかった。

さらに、「継続層」の働く意向理由をみると（**図表4-3**）、「中断再開層」、「中止層」と比べて「経済的に自立するため」、「精神的に自立するため」、「自

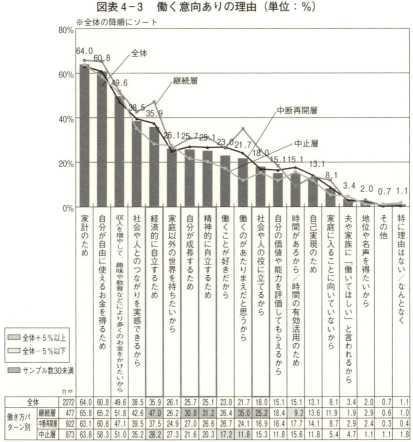

図表4-3 働く意向ありの理由（単位：%）

（出所）電通総研「女性×働く」調査より作成。

分が成長するため」,「社会や人の役に立てるから」という理由が高くなっており,自立心・成長する意欲・利他的マインドが備わっていることが継続して働くモチベーションに繋がっていることがうかがえる。

このように見てくると,初就職時までに「働くことを当たり前」ととらえ,結婚や出産などの「ライフステージに関わらず仕事を継続するべきだ」という価値観が備わっていることが働き続ける女性を増やす上で重要であると考えられる。

(2) 働き方への両親の影響

仕事に関する価値観は,どのようにして形成されるのだろうか。もちろん,本人自身による意識形成もあるだろうが,両親の影響も強い可能性がある。

価値観形成に両親の影響がどの程度あるのかを確認したところ,父親よりも母親の影響を受けており,「母親の影響を受けている」と回答したのは49.2%,「父親の影響を受けている」と回答したのは36.0%であった(注10)。

「女性×働く」調査によれば,**図表4-4**のように,自分の母親の価値観について,約半数の48.9%が「安定した職場で長く働く方がよい」という価値観を持っていると答え,同時に「結婚した方がよい」(45.0%),「出産・育児はした方がよい」(38.3%)という価値観も持っていると答えた。一方,「結婚しても仕事は続けるべきだ」(12.4%),「出産しても仕事は続けるべきだ」(8.9%)は1割前後にとどまっている。長く働いた方が良いとしつつも,「結婚・出産しても仕事は続けるべきだ」と思っている母親は少ない。また,母親は家事や子育ては女性の役割だととらえる傾向にあり,仕事よりも家庭を優先する価値観を持って,娘を育てていると言える。

このように,女性は自分の働き方に母親の影響を約半数が受けている。一方で自分の「母親」は,「仕事を続けるべきだ」という価値観と「働き続けるよりも結婚・出産,家事・育児を優先すべきだ」という価値観を合わせ持つと感じており,女性(娘)が働く際の価値観に「母親」が矛盾と戸惑いを与えている可能性がある。

このように見てくると,働き続ける女性を増やすためには,働き始めてから育成するのでは遅く,就業前段階での「啓蒙・教育」が重要であることが分かる。その役割を家庭の中だけで担うことは,困難であろう。母親や父親の女性の就労に関する価値観は,必ずしもこれからの時代と合致した価値観であると

図表4-4　仕事や男女の役割についての価値観（複数回答）

（単位：％，N=3,700）

	あなたの価値観	母親の価値観	（参考）父親の価値観
安定した職場で長く働く方がよい	59.2	48.9	45.7
結婚した方がよい	38.2	45.0	37.5
出産・育児はした方がよい	33.9	38.3	29.6
結婚しても仕事は続けるべきだ	25.1	12.4	7.7
出産しても仕事は続けるべきだ	18.6	8.9	5.0
男性も家事をすべき	46.6	13.3	6.6
男性も子育てをすべき	45.1	13.1	7.6

（出所）電通総研「女性×働く」調査より作成。

は限らない。その意味では教育課程において，母親以外の多様な女性のライフコースに触れる機会が重要であると考えられる。

　例えば，スリール株式会社では，「大学生」に対し，共働き家庭の子育てをサポートしながら，仕事と家庭生活の両方をリアルに学べる「家庭内インターンシッププログラム」を提供している。これは，週に数回，学生2人1組で担当する家庭に行き，数時間程度，子どもを預かる仕組みとなっており，単発のベビーシッターではなく，数カ月間，同じ家庭に行くことにより，働く女性から仕事や家庭のリアルな話を聞いて，家庭での体験を通じて学べるようになっている。これは一例に過ぎないが，このような，働く多様な女性に触れ，学べる"場づくり"が官民の協力により促進されていくことが重要だろう。

3．「仕事を中断して再開する女性（中断再開層）」の現状と今後

(1) 中断再開層の労働環境

　1．で述べたように，女性は結婚・出産期にさしかかる25歳以降で，正規雇用が減少して非正規雇用が増加する傾向がみられ，正規雇用として働き始めた女性も結婚，出産等とライフイベントを重ねるにつれて，徐々に，非正規雇用，

あるいは一時的な離職といった選択を行っている。また，濱口（2011）によると，高度成長期に急激に増加したのがパートタイマーと呼ばれる主として家庭の主婦からなる労働者層で，彼女たちは家庭へのメンバーシップがアイデンティティの中核をなしているとし，それゆえに，正社員のような企業へのメンバーシップを求める契機が存在していないとしている。

「女性×働く」調査の「再就職をする際に重視したこと」をみても，「自分の経験やキャリアを活かせるか」（13.5％）よりも，「勤務場所」（64.6％），「勤務時間」（63.4％），「雇用形態」（47.4％），「勤務日数」（45.0％）などを重視しているという結果であった。まさにこれは，離職し再就職する際には，家庭にアイデンティティを置き，家庭の事情を優先させた働き方をしたいと考えていることの表れであろう。そして，家庭にアイデンティティがあるがゆえに，キャリアを二の次にせざるを得ない状況もうかがえる。

(2) 雇用形態による，出産・育児・支援制度の乖離

昨今，企業における出産・育児・介護支援制度の整備は加速している。日本経済団体連合会による「女性の活躍支援・推進に関する企業の取組事例集（2013）」によると，各企業の取り組みは多様であり，エリア総合職（地域限定型）が配偶者の転勤に同行できる「配偶者同行制度」，「配偶者海外転勤休職制度」，「子どもが3歳になるまでは転居を伴う異動を配慮」，「事業所内託児所の設置」，「在宅勤務制度の導入」，「ベビーシッター利用補助」，「上司を交えた復職三者面談の実施」等，実に多くの環境整備が進んでいる。

しかし，「女性×働く」調査からは，出産・育児・介護制度の「充実度」，「利用のしやすさ」では正規雇用者と非正規雇用者の間で大きな乖離が生じていることが明らかとなった。勤務先の「出産・育児・介護支援制度」の「充実度」について，「整っている」と回答したのは，正規雇用者では45.6％であったのに対し，非正規雇用者は16.9％にとどまっている。また，制度の「利用のしやすさ」においても，正規雇用者は41.8％が利用しやすいと回答しているのに対し，非正規雇用者は利用しやすいと回答したのは15.0％にとどまっている。

女性は，男性に比べて非正規雇用者の占める割合が多いことを踏まえると，「非正規雇用者」の出産・育児・介護の支援制度の整備は急務である。非正規雇用者の支援環境の整備が進まない場合，仕事を再開した女性が再び離職を選択せざるを得ない状況に追い込まれることが危惧され，早急な改善が重要であ

る。

(3) 夫の家事・子育て従事状況の乖離

雇用形態における乖離は，家庭の中，「夫の家事・子育て従事状況」においても起きている。母親がパート・アルバイト雇用である家庭では，母親が正社員である家庭に比べて，夫の家事・子育て参画が進んでいない。**図表4-5**のように，夫の家事や子育ての割合は，「専業主婦」家庭と「パート・アルバイトママ」家庭では似たような構成比となっており，夫の参画率が20％以上の家庭は，「専業主婦ママ家庭」51.4％，「パート・アルバイトママ家庭」53.0％である。それに対し，「正社員・役員・公務員・教員ママ家庭」では71.1％と圧倒的に高くなっている。

家庭における男性の育児・家事参加は進んできているとされているが，それが最も進んでいるのは，「正社員・役員・公務員・教員ママ」家庭である。「パート・アルバイトママ」家庭では，有職でありながらもそれほど進んでおらず，「専業主婦」家庭と同レベルであることが明らかとなった。電通ママラボが2015年に実施した，「パート・アルバイトママ」へのヒアリング調査によると，「夫は，パートはラクな仕事で自分の仕事とは違うと思っている。だからパートに行くようになってからも，子どもの学校のことも，習い事のことも家事も全部，私が担っており，つらくて，仕事を辞めようかと思うことが良く

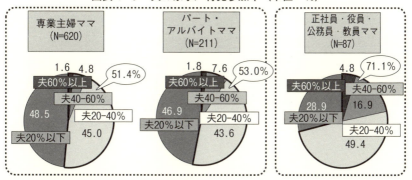

図表4-5　夫の家事／育児参加率（単位：％）

(注)　調査対象950名のうち，「専業主婦」，「パート・アルバイト」，「正社員・役員・公務員・教員」のみ抜粋。図のスコアは小数第2位で四捨五入しており，合計が100％にならない場合がある。

(出所)　電通「2015年ママラボ調査」（2015年9月実施，20～40代ママ950名，全国）より作成。

ある」（首都圏在住30代），「パートといっても，平日の大半は仕事をしている。フルタイムママの旦那さんは子育ても家事も分担してくれると聞くが，わが家ではありえない。夫に手伝ってほしいが，パートの身だから言いにくい」（長野県在住30代）といった声が聞かれた。

　性別役割意識の改善と共に，社会的に働き方の多様性が増し，「正規か非正規か」，「フルタイムかパートか」などの比較構造から脱し，どのような働き方でも尊重されるようになることが重要であろう。

4．「女性」をとりまく，時代の移り変わり

　ここまで，女性の就業継続状況の違いによる"女性が働くこと・働き続けること"の阻害要因について述べてきたが，当然のことながら，年代が違えば育ってきた環境も社会的環境も異なる。ここでは，女性をとりまく時代の移り変わりについて示したい。

　図表4-6の通り，50代女性は20代の時に「男女雇用機会均等法（1986年）」が施行され，30代で育児休業法（1992年）が施行された。40～44歳は，就職を迎える20代の頃に，改正男女雇用機会均等法（1999年）が施行され，「育児・介護休業法」も全面施行されたが，結婚・出産・子育て期において，「ワーク・ライフ・バランス憲章」といった取り組みもなく，結婚・出産・子育てなどの「ライフ」を犠牲にしながら働くことを強いられがちであった世代である。

　それに対し，35～39歳になると，それまでの世代と大きく環境が変わってくる。まず，高校生の時には，家庭科の男女必須が始まった。就職時には，氷河期を経験するが，出産・子育て期となる30代の頃には「ワーク・ライフ・バランス憲章」がスタートする。そして，30～34歳は，30代の頃に「イクメン，育児男子」，「妊活[注11]」という言葉がブームとなる。さらに，25～29歳は，20代の時に安倍政権による「女性活躍推進[注12]」が加速する。

　このように年齢／世代ごとのブーム・社会的な出来事をみてみると，「40～50代」と「30代」，さらに「20代」をとりまく働く環境は異なることが改めて分かる。40～50代までは，男女雇用機会均等法が施行されたとは言え，女性は結婚や出産で仕事を辞めるのが一般的であった。働き続ける女性は仕事や家庭の狭間で苦悩してきた世代であり，男性の育児参加も促進されていない時代でもあったと言えるだろう。それに対し，30代は仕事と家庭の両立支援が整い始

図表 4-6 生活者の価値観・行動に影響を与えた可能性がある、ブーム・社会的出来事

	新人類 (61-70年生まれ)	バブル世代 (65-69年生まれ)	団塊ジュニア (71-74年生まれ)	ポスト団塊ジュニア (75-84年生まれ)			ゆとり世代 (87-96年生まれ)		
	50-54歳 (60-64年生まれ)	45-49歳 (65-69年生まれ)	40-44歳 (70-74年生まれ)	35-39歳 (75-79年生まれ)	30-34歳 (80-84年生まれ)	25-29歳 (85-89年生まれ)	19-24歳 大学生 (90-95年生まれ)	16-18歳 高校生	
小学生期	69 8時だよ!全員集合開始	78ピンクレディ	78バービー人形 80ルービックキューブ 81キャプテン翼	83ファミコン発売 85スーパーマリオ 86ビックリマンチョコ	89個性化教育 91シックスポケット 90スーパーファミコン	93Jリーグ開幕 98たまごっち	97ポケモン 99ワンピース	
中学生期		79金八先生 79銀河鉄道999 80校内暴力	84スクールウォーズ 88ドラゴンクエスト	90スラムダンク	94完全・自殺マニュアル 97神戸児童殺傷事件 98エヴァンゲリオン	99学級崩壊	04脱ゆとり教育 06携帯ゲーム機 07オンラインゲーム動画共有サイト	
高校生期	78竹の子族 80松田聖子(ぶりっ子)	85おニャン子ブーム(女子高生ブーム)	87朝シャン 90るんです	91クラブ人気 92ポケットベル 93コギャル/援助交際 94家庭科男女必修	96アムラー(安室奈美恵) 96プリクラ大ヒット 98浜崎あゆみデビュー 99宇多田ヒカルデビュー 99iモード/着メロ	01写メール 05ごくせん	10ツイッター 10K-POP 10国内ファストファッション	
大学生期	80ディスコフィーバー 83DCブランドカラス族 83オールナイトフジ	88アッシー・メッシー・ミツグ君	92アニエスb	94就職氷河期 94携帯電話自由化 95スノーボードブーム 97就職協定改定 97インターンシップ	00あいのり未来日記	04ipad 05アキバ系 06SNS,mixiブーム 07動画共有サイト	12LINE 14ディズニーツムツム	
20代の頃	86トレンディドラマ(男女7人・W浅野) 86男女雇用機会均等法 88ワンレンボディコン	90成田離婚 91ジュリアナ東京 91東京ラブストーリー	96Eメール 98公園デビュー 99改正男女雇用機会均等法施行 育児・介護休業全面施行	04ニート 00イチロー大リーグデビュー 00スターバックス	09弁当女子、水筒男子 09ツイッター 09ファストファッション 09草食男子、肉食女子	10リア充 12街コン 13女性活躍推進 14カープ女子		
30代の頃	92育児休業法	99シロガネーゼ	男女参画社会基本法 公布・施行 04負け犬の遠吠え(流行語)	07ワーク・ライフ・バランス	10イクメン、育児男子 13妊活			

(注) 年齢は2014年時点。ブーム・社会的出来事の年号は、象徴的な年代。
(出所) 電通総研作成。

め，男性の育児参加も進み始めた。両立支援の環境が完全に整ったとは言えないが，個々人の頑張りと共に，仕事と育児の両立が40～50代よりも可能になりやすくなったと言えるだろう。一方で，景気悪化や労働者派遣法改正の影響も受け，望まずして非正規雇用者を選択せざるを得なかった人が増えた年代でもある。これから結婚・出産・子育て期となる20代は，女性も男性も仕事と家庭を両立した上で，キャリアアップしていく時代の実現に向けてチャレンジをしていく世代となるだろう。

このような変化を踏まえると，これからの時代を考える上では，特に若年層である20代の意識や価値観を的確にとらえ，この世代に合致した働き方を実現させることが重要であろう。

5．「女性」の価値観・意識の変化

現在の女性の価値観・意識を年代別で比較した場合，それが加齢による違いなのか，時代による違いなのか，世代による違いなのかが明らかにならない。そのため，1998年から2013年までの16年間分の生活者の意識に関する時系列データ(注13)を使用し，コーホート分析を行うことで，価値観・意識の違いを「年齢」，「時代」，「世代」の3要素のどの影響を受けているのかを明らかにした。

この分析により，3つのファインディングスを見いだした。まず1つ目は，「自由」や「価値観を柔軟に取り入れて楽しむ」といった傾向が強いのは，年齢が若いことを原因とする要素であったことである（**図表4-7，4-8**）。図表4-7から分かるように，好きな言葉として「自由」を選択するのは男性よりも女性であり，コーホート分析の結果，「年齢効果」による影響が大きく，特に20代の女性にその傾向がみられた。また，図表4-8のように「さまざまな価値観を積極的に取り入れたり，自分なりに楽しむ方だ」という考え方には，男女共同様に「年齢効果」による影響がみられ，20代にその傾向が強くみられた。

2つ目は，男性よりも女性において，時代と共に，「柔軟性」という言葉の親和性が高まっているということである（**図表4-9**）。

3つ目は，50代以上は，「人に頼らないで生きていきたい」という自分の足で立つという価値観を持っており（**図表4-10**），コーホート分析の結果，「世

第4章 「女性」と「働く」の現状と今後—生活者の意識や時代の変化からの考察— 107

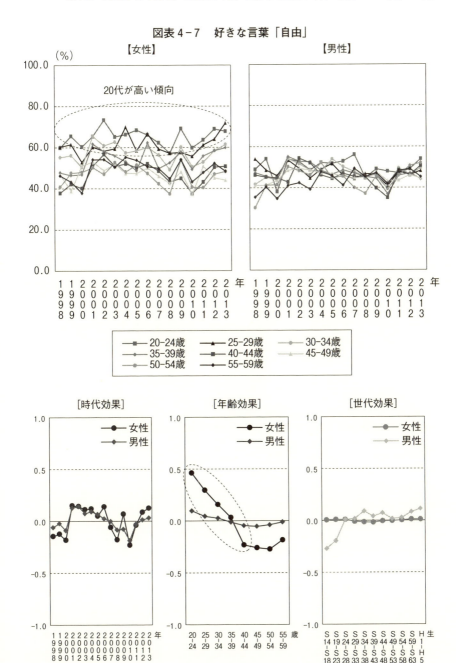

図表4-7 好きな言葉「自由」

図表4-8 考え方「さまざまな価値観を積極的に取り入れたり，自分なりに楽しむ方だ」

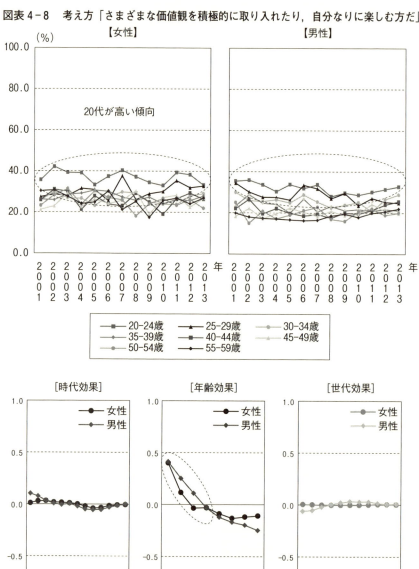

第 4 章 「女性」と「働く」の現状と今後―生活者の意識や時代の変化からの考察―

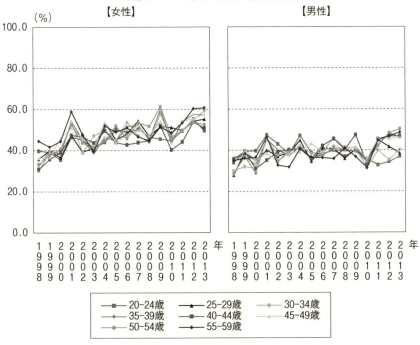

図表 4-9 好きな言葉「柔軟性」

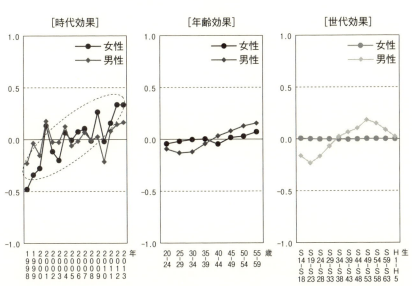

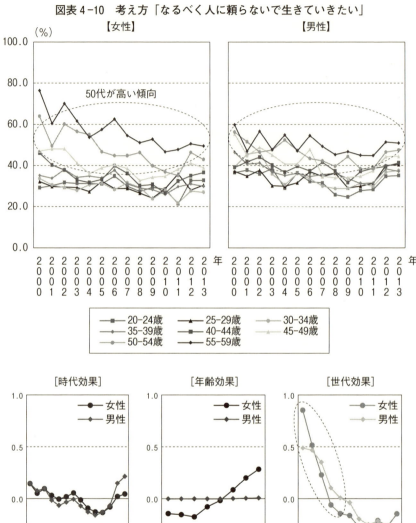

図表4-10 考え方「なるべく人に頼らないで生きていきたい」

第4章 「女性」と「働く」の現状と今後―生活者の意識や時代の変化からの考察― 111

図表4-11 考え方 「自分の意志は尊重する方だ」

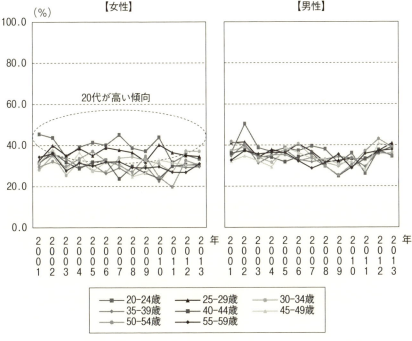

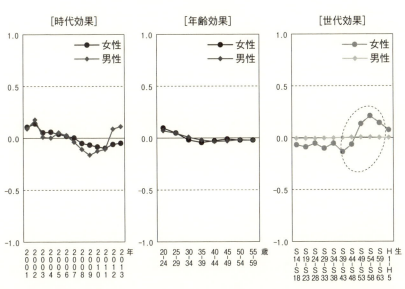

図表4-12 考え方「どんな時も自分らしさを出すように心がけている」

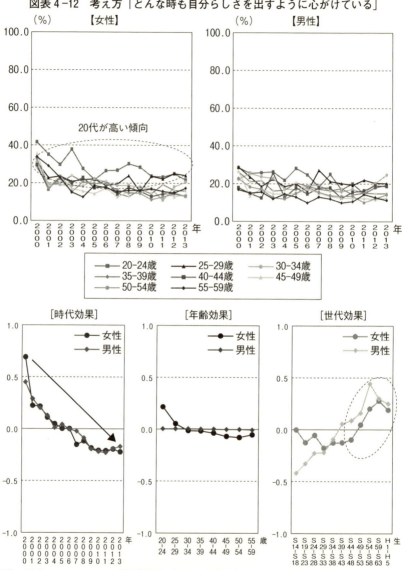

(注) 図表4-7〜4-12の「世代効果（※2013年基準）」
　　昭和14〜18年：70〜74歳，昭和19〜23年：65〜69歳，昭和24〜28年：60〜64歳，昭和29〜33年：55〜59歳，昭和34〜38年：50〜54歳，昭和39〜43年：45〜49歳，昭和44〜48年：40〜44歳，昭和49〜53年：35〜39歳，昭和54〜58年：30〜34歳，昭和59〜63年：25〜29歳，平成1〜5年：20〜24歳

(出所) 電通総研作成。

代効果」による影響が大きく，昭和14～33年生まれ（2013年時点55～74歳）によりその傾向がみられた。一方，20～30代は，「自分の意志」や「自分らしさを大切にする」という価値観を持っており，同じくコーホート分析の結果，「世代効果」による影響が大きく，昭和49～平成元年生まれ（2013年時点20～39歳）までの世代にその傾向が強くみられたが，「どんな時も自分らしさを出すように心がけている」という考え方には，「時代効果」の影響もややみられ，時代としては自分らしさを出しにくくなっていることが分かった（**図表4-11，4-12**）。

終身雇用・年功序列といった日本型の雇用慣行は，「企業戦士」，「モーレツ社員」などと形容される勤勉な労働者を生み，高度経済成長を加速化させたと一般的に言われている。

しかしながら，今後の出産・育児の予備軍である若年層（20～30代）にとっては，「自由」，「柔軟性」がキーワードである。働くことにおいても，自分の意志・自分らしさを大切にし，企業や職場に自分を仕方なく合わせて働くのではなく，「自分自身がどれだけ満たされながら働けるか」という，「満足度の追求」を加速させていくようになるだろう。

6．「働く女性」のために加速させるべきこと

本章では，女性自身の仕事および生活意識・価値観を中心に，「女性」と「働く」の現状と課題について述べてきた。「女性活躍推進法に基づく事業主行動計画策定指針」においても，男女雇用機会均等法の制定から30年経った今も依然として，採用から登用に至るあらゆる段階において男女間の事実上の格差が残っており，その背景には固定的な性別役割意識と，それに結びついた長時間労働等の働き方があると指摘されている。「働く女性」がより活躍できるための課題は根深い。しかし，女性がより活躍できる社会の実現のためには，引き続き，課題解決に向けたチャレンジを加速させるしかないだろう。加速させるべき2つの点を最後に記しておく。

1つ目は，自分の意志を大切に，自分らしく生きることを重要視する若年層（20～30代）の意識を踏まえると，課題解決の方法は"1つの型では限界"があり，個人や組織から生まれる"多様な視点・アイディア"を受け入れ，社会全体で一緒に育てるという意識の醸成が重要であるという点である。東京オリン

ピック・パラリンピックが開催される2020年に向けて、日本社会においては、「ダイバーシティ（多様性）」の考え方が広がりつつある。人々の生活意識・価値観・理想とする暮らし方や働き方についても、今後ますます、多様化が進むことが想定される。そのような中、現在以上に、多様な視点・アイディアも生まれるだろう。「パラレルキャリア (注14)」という、社外活動を本業に結び付ける働き方もその1つであろう。

　また、ワーク・ライフ・バランスに配慮した制度を積極的に導入しているサイボウズ株式会社には、「社員がライフスタイルの変化に合わせて働き方を9種類の中から選択できる制度」、「転職や留学など環境を変えて自分を成長させるために退職する人が最長6年間復帰できる制度」、「副業を許可する制度」など、ユニークで新しい制度が設けられている。IT技術の進化により、「場所や時間に拘束されない働き方」の実現もよりしやすくなるだろう。このような新しい働き方や制度、初めは小さな芽であるかもしれない。しかし、人々の価値観が多様化していることを前提に、社会としてその芽を潰さず、まずは試し、課題があれば改善をし、新しい制度や仕組みを共に創りあげることが重要になるだろう。

　2つ目は、企業のキャリア・パス構築支援制度において、"カスタマイズの視点"を積極的に取り入れ、個々人に対し、適切なタイミングで、個々人に合ったキャリアプランを策定・呈示することを促進すべきである、という点である。

　これからの時代は、女性がライフステージの変化に影響されず働き続けられるだけでなく、キャリアアップをして、より活躍することが期待される。しかし、現在は、結婚・出産・育児・介護などの制約により責任の少ないポジションに就き、それゆえに評価されない、自分自身もキャリアアップする意欲が高まらないという負の構造が指摘されている。また、働く女性は、「働く女性」と括られがちであるが、働くことに対する価値観・キャリア意識も異なれば、夫の労働状況、育児・家事従事状況、家族のサポート状況、子どもの年齢、子どものケアの必要状況など、制約状況もさまざまであり、同じ状況の人など存在しない。企業やマネジメント層は、このようなことを理解し、手間がかかったとしても、一人ひとりの置かれているプライベートの状況とキャリア意識を的確に把握するためのコミュニケーションを密に行うことが重要になるだろう。そして、若年層は、他世代よりも自分らしく生きたいという価値観を持つこと

を踏まえ，「自分の意志を大切に，自分らしく生きること」と「キャリアップに向けた意欲向上」を両輪で実現していく支援制度をカスタマイズ視点によって推し進めることが重要になるだろう。

　超高齢化社会を迎える日本において，男性であっても介護など，何らかの制約を抱えながら働く人が増加していくと考えられる中，キャリア・パス構築支援制度における"カスタマイズの視点"は，社会全体としても重要になるだろう。本章では「女性」のことを中心に述べてきたが，「女性」が働きやすく，活躍しやすい社会の実現は，「女性」のみでは実現できない。男性と共に取り組むことでこそ，皆が働きやすく，皆が活躍できる日本社会の実現につながるだろう。

注

1　内閣府「男女共同参画白書　平成25年度版」http://www.gender.go.jp/about_danjo/whitepaper/h25/zentai/html/honpen/b1_s00_02.html
2　内閣府「男女共同参画白書　平成25年度版」http://www.gender.go.jp/about_danjo/whitepaper/h25/zentai/html/zuhyo/zuhyo01-00-27.html
3　内閣府「男女共同参画白書　平成25年度版」http://www.gender.go.jp/about_danjo/whitepaper/h25/zentai/html/honpen/b1_s00_02.html
4　同上
5　電通総研「女性×働く」調査
　・調査対象：20～59歳の就業経験のある女性，3,700名
　・調査対象エリア：首都圏（埼玉県，千葉県，東京都，神奈川県），関西圏（京都府，大阪府，兵庫県），中京圏（岐阜県，愛知県，三重県）
　・調査時期，手法：2014年12月19日（金）～21日（日），インターネット調査
6　初就職後，6カ月以上の中断がなく働いている状態を指す。
7　6カ月以上の間，収入と雇用主による社会保障がない状態を「辞める（離職）」として定義。産休・育休・介護休業・療養休暇など，会社の制度で認められた6カ月以上の休暇は「辞める（離職）」ではないとした。
8　「憲章」では，仕事と生活の調和が実現した社会は，「国民一人ひとりがやりがいや充実感を感じながら働き，仕事上の責任を果たすとともに，家庭や地域生活などにおいても，子育て期，中高年期といった人生の各段階に応じて多様な生き方が選択・実現できる社会」とされている。
9　育児を積極的にする男性「イクメン」を周知・広報するプロジェクト。
10　電通総研「女性×働く」調査
11　妊娠に向けて前向きな活動を行うことの略称。

12 安倍総理は2013年の成長戦略のスピーチにおいて「女性の活躍」を成長戦略の中核として位置づけた。
13 電通のデータベース「d-campX」を使用。1998〜2013年を分析に使用（2000年以前のデータがない設問については2000〜2013年のみ使用）。分析対象は20〜59歳の男女，関東1都6県。
14 ピーター・ドラッカー氏が提唱する社会での生き方の1つ。働き方におけるパラレルキャリアとは，本業に軸足を置き，社外活動を本業に結びつける働き方を指すことが多い。

参考文献■

内閣府（2013），「男女共同参画白書　平成25年度版」．
内閣府男女共同参画局（2015），広報誌「共同参画」．
厚生労働省（2015），「平成27年版　厚生労働白書」．
　http://www.mhlw.go.jp/wp/hakusyo/kousei/15/
日本経済団体連合会（2013），「女性の活躍支援・推進に関する企業の取組事例集（最終版）」．
三冬社編（2015），『男女共同参画社会データ集』，三冬社．
武石恵美子（2006），『雇用システムと女性のキャリア』，勁草書房．
濱口桂一郎（2011），『日本の雇用と労働法』，日本経済新聞出版社．
麓幸子・日経BPヒット総合研究所編著（2015），『なぜ，あの会社は女性管理職が順調に増えているのか』，日経BP社．
山口一男（2009），『ワークライフバランス』，日本経済新聞出版社．
中島通子（1993），『「女が働くこと」をもういちど考える』，労働教育センター．
クレア・シップマン／キャティー・ケイ（2014）『ウーマノミクス』，星雲社．
森本栄一（2013），「コウホート分析で見たロングセラーブランドのターゲティング―世代特性に着目して」，『Video Research Digest』，No.525，pp.6-10．
中村隆（1982），「ベイズ型コウホート・モデル―標準コウホート表への適用」，統計数理研究所彙報，29(2)，pp.77-97．
Nakamura, T.（1986），"Bayesian cohort models for general cohort table analyses, *Annals of the Institute of Statistical Mathematics*", 38（2, B），pp.353-370．
サイボウズ株式会社　http://cybozu.co.jp/
スリール株式会社　http://sourire-heart.com/

■第5章
企業における女性のキャリア形成支援の現状と課題

横山　重宏／加藤　真

> 　本章では，企業における女性活躍推進に向けた取り組みのフロンティアの一端を明らかにすることを目的として，各企業が目指す姿や経営目標に対して女性社員のキャリア形成という観点から行っている取り組み内容を把握し，施策実施上での課題や，具体的にどのような難しさがあるのかを整理した。
> 　具体的には，業種，企業規模，先行文献等を踏まえ，全5社（経営者，人事担当者，ダイバーシティ推進担当者等）にインタビュー調査を実施し，そこで得られた情報を整理した。インタビューをした5社はいずれも，将来の企業の姿として，女性が活躍しているイメージを有しており，そこに向けてアクションを取ってきた，あるいは今後さらに取ろうとしている段階にある企業である。
> 　インタビュー調査の結果を，企業として目指す姿の実現に向けて，これまで取り組んできた内容とそこでの課題，今後の方向性に着目して集約したところ，①復職者のモチベーションを高めるために業務量・業務内容をどのように割り当てるか，②女性の管理職比率引き上げや産休・育休後の復職の常態化を目指して，いかに多様なロールモデルを構築し，その「見える化」を図るか，③営業職等の女性が活躍する職域をどう拡大するか，④結果として女性の活躍推進につながるような組織全体の改革をいかに進めるか，の4点がポイントとして挙げられた。

1．問題の所在

　2012年末に誕生した第二次安倍政権は，成長戦略の1つとして女性活躍推進を掲げ，さまざまな施策，議論が行われており，2015年8月末には「女性活躍推進法」が制定された。この法律では，2016年4月1日までに，女性の職業生活における活躍の推進のために，事業主行動計画を策定することが努力義務として求められており，その対象には国，地方公共団体に加え，「労働者が301人以上の民間事業主（企業）」が定められている。
　近年の企業における女性活躍に関する議論では，女性活躍≒女性管理職割合

の目標達成という一部の指標の定量的な面について議論が終始しているきらいがある。そこには，どのような人材に管理職として活躍してもらいたいのか，管理職として全うできるスキルや経験を身につけてもらうために，企業としてどのような取り組みをしているのか，そもそも企業は女性社員に対してどのような能力を身につけてもらいたいのか，といった議論はあまりみられない。

また，女性管理職の割合を上昇させるために，あまりに短期間に大幅な割合増を目指すと，数値目標を達成することが目的化してしまい，割当（クオータ制）と同じになってしまう。「『女性活躍』のための女性活躍」ではなく，「社員の成長および企業の競争力強化のための女性活躍」である必要がある。

企業側が女性活躍についての必要性および重要性を認識し，女性活躍を推進していくためには，企業経営の視点や，女性社員のキャリア形成や能力開発を進め，それをいかに企業の強さに変えていくかといった視点が欠かせない。しかしながら，現在の女性活躍に関する議論では，そうした観点での議論はあまり多くない。

厚生労働省（2012）によると，すでに2011年の調査時点で，結婚・出産を機に離職する正社員女性の数は，特に企業規模が大きくなるほど減少しており，企業規模1,001人以上の企業では，半数以上の54.3％が，結婚・出産を機に離職する正社員女性が5年前（2006年頃）と比べて「かなり減った」，「やや減った」と回答している。これには，2009年の育児・介護休業法改正が大きく影響していることが指摘されているが，特に規模の大きな企業ほど，女性活躍は，「いかに退職・離職を防ぐか」から，「いかに活躍してもらうか（≒いかに女性社員に成長してもらい，それを企業の成長と結び付けていくか）」に関心が移りつつある。

実際，企業としてもさまざまなスキルやネットワークを培ってきた女性社員が離職してしまうことは避けたいところであり，女性社員のキャリア形成・能力開発は，企業の関心も高く，経営課題として取り組むべきものであると認識していることが明らかになっている。厚生労働省（2015）によれば，企業が認識している人材に関する経営課題と，実施しているキャリア形成の観点での施策の差として，「女性社員の活躍推進・登用」が選択肢中最も高い割合（26.7％）になっている。同調査では，企業規模が大きくなるほど，「女性社員の活躍推進・登用」に関して，キャリア形成の観点で施策を実施している割合や課題解決に苦労している割合が顕著に高まっている結果も得られており，特に規模の

第5章　企業における女性のキャリア形成支援の現状と課題　119

図表5-1　企業が認識している人材に関する経営課題および実施しているキャリア形成の観点での施策の差

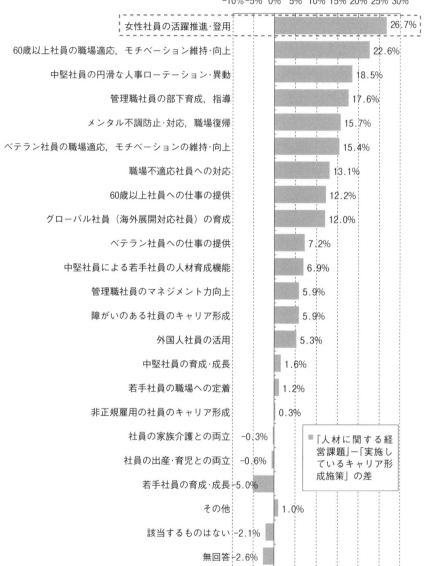

（出所）厚生労働省（2015）p.15に追記。

大きな企業ほど，女性活躍に向けて手探りながら取り組みを進めている姿が浮かび上がる。

2．調査目的，方法等

　前述の問題意識を踏まえ，本章では，女性活躍推進に向けて，各企業が目指す姿や経営目標に対して女性社員のキャリア形成という観点から行っている取り組み内容を把握し，施策実施上での課題や，具体的にどのような難しさがあるのかを整理することで，現在の企業における女性活躍推進に向けた取り組みのフロンティアの一端を明らかにすることを目的とする。

　前掲の厚生労働省（2015）の調査では，女性社員の活躍推進に向けて実施している施策として，「働き方（労働時間を含む）の改革を推進」(28.8%)，「女性社員の活躍推進のための全社的な計画策定」(25.3%)，「女性社員を対象としたキャリア研修の実施」(21.9%)が比較的高い割合となっているが，それらは具体的にどのような内容なのか，どのような狙いを持って実施しているのか，実施上の工夫や課題はどのようなところかといったことや，それらの施策と企業経営や女性のキャリア形成との関係について明らかにするため，先進的な取り組みをしている企業に対して，インタビュー調査を実施する。

　また，組織のマネジメント課題として，目的や戦略，制度（施策）といったハードな側面に加えて，人（タレント）やその関係性といったソフトな側面へ着目する重要性の指摘も踏まえ（McGregor 1960），女性社員とマネージャーまたは社員同士などの関係性などにも着目していく。

　なお，ここで対象とするのは，女性正社員を想定している。「メンバーシップ」が付与された正社員と付与されにくい非正規社員の間には，産休・育休制度の利用状況などで大きな差がみられるなどの重要な問題は残されているものの，本調査においては，明示的には考察に含めていない。

3．企業の取り組み

　業種，企業規模，先行文献等を踏まえ，全5社（経営者，人事担当者，ダイバーシティ推進担当者等（企業によって異なる））にインタビュー調査を実施し，そこで得られた情報について，以下では企業ごとに整理する。

インタビューをした5社はいずれも，将来の企業の姿として，女性が活躍しているイメージを有しており，そこに向けてアクションを取ってきた，または今後さらに取ろうとしている段階にある企業である。企業として目指す姿の実現に向けて，これまで取り組んできた内容とそこでの課題，今後の方向性に着目して集約した。

(1) A社

① 企業の概要
・業種：飲料・食品の製造・販売
・正社員数：約38,000人（グループ全体，2014年12月末時点）

② 女性活躍に関する企業としての基本的な考え方
多様な価値観や発想を受け入れ活かすことにより，より大きな価値を創出する「ダイバーシティ経営」を2010年より掲げ，その中の1つとして，女性が働きやすく，かつ成果を上げることを目指した取り組みを本格的に始めている。具体的な数値目標としては，「2025年までに女性管理職比率を20％に引き上げる」ことを設定している。

この背景には，新卒で採用した男性社員が中核となって事業を発展させてきたが，多様性を受け入れないと新しい価値は生み出せず，急速に進むグローバル化の中で競争に勝ち残っていけないという危機意識があった。また，社員意識調査において，社員満足度が高い（自社で働くこと，製品・サービスへの誇りが高い）結果が得られたことも影響している。意識調査で得られた結果は，自社の強みを表すものである一方で，現状肯定的な前例主義に陥りやすく，急速な社会環境の変化に対応できない体質につながることが危惧された。

③ 今まで取り組んできたこと
〈育児との両立支援施策〉
A社では仕事と家庭生活の両立支援を目的として，妊娠期～産休・育休～復帰後まで，本人向けに幅広いフォロー施策を実施している。妊娠期から支援することで，産休・育休後も復職して活躍してもらうことを期待しており，出産後復職率は100％になっている。また，復職者をメンバーに持つ上司向けにもガイダンスを実施している。具体的な取り組み施策は**図表5-2**の通りであ

図表5-2　A社の両立支援施策

時　期	目　的	具体的な施策
妊娠期	制度の周知 休職中・復帰の情報提供	・出産育児ハンドブック，育児関連のサポートブック配付 ・産休前ガイダンス
産休・育休	復職に向けた情報提供 復職に向けた準備	・1回の通信配信 ・キャリアビジョン面接 ・復職前面談
復職後	復職後の両立支援 チャレンジ意欲の喚起	・セーフティネット（入園不可時のつなぎ保育，急な残業・子の発熱時などシッター補助） ・キャリア面談 ・育休後フォローアップセミナー

（出所）A社提供資料およびHP情報（2015年12月11日取得）を追加して作成。

る。

1）妊娠期からの支援

妊娠期の女性社員向けに，オリジナルのハンドブック・サポートブックを配付している。出産後の社内制度や手続きの案内に加え，「復職後の活躍に向けて育休期間中に取り組んでもらいたいこと」や，復職に向けたパートナーも巻き込んだ体制作りに関する内容などを記載している。一例として，「夫育ての方法」として，オムツ替え，ゴミ出しという初歩から，言われなくても家事を積極的にするように夫を育てるノウハウがある。

また，産休・育休取得予定者向けに「産休前ガイダンス」を実施している。育児関連の社内制度および利用のための手続きを案内し，①産休前の不安解消，②同時期に産休に入る社員同士でのネットワーク作り，③会社から本人への復職と復職後の活躍への期待を伝えることなどを目的に，3カ月に1回の頻度で定期開催している。

2）産休・育休中の面談

産休・育休期間にも上司とのキャリアビジョン面接を実施している（原則対面，難しい場合はスカイプ等を利用）。復職後のキャリアについて上司と直接話をする機会を設けることで，復職に向けた不安を解消するだけでなく，復職後の働き方・子育てとの両立など，中長期的なキャリアを考える機会を設けて

いる。

3）復職後のフォロー

産休・育休明けの女性社員を対象に，育児と仕事を両立していく上での不安を解消するヒントを得ることや，社内のロールモデルの紹介，復職者同士のネットワーク形成を目的としたフォローアップセミナーを毎年開催している。会社からの情報提供に加え，両立のためのノウハウ共有やマインドの形成も行われる。

また，会社がベビーシッター派遣会社と法人契約を結び，保育園の入園待ちの期間，保育園の代替としてベビーシッターを利用して復職する場合に，一定期間，一定額を補助する制度や，急な残業や子どもの発熱時に，当日でもベビーシッターの手配ができる制度を整えている。

4）上司向けガイダンス

復職者をメンバーに持つ上司に対して，①子育てをしながら仕事をするメンバーの状況を把握すること，②関連する人事制度・サポート施策を正しく理解すること，③復職したメンバーが成果を出していくためのマネジメントのヒントを得ることを目的に，参加必須のガイダンスを実施している。復職者本人へのフォローだけではなく，その上司に向けても働きかけることで，制度利用の促進や中長期的な育成，成長の後押しを目指している。

〈女性管理職育成施策〉

1）女性リーダー育成プログラム

次世代の幹部候補として期待される女性マネージャーを対象とした，女性幹部登用の推進強化および女性本人の経営推進能力強化や意識の醸成を目的とする，半年にわたる育成プログラムである。全6回開催される1日～1泊2日の研修を通じて，ケーススタディ方式で人的資源管理論や経営戦略について学び，最終的には経営への提言を行う。

2）女性リーダーのためのキャリアカフェ

リーダークラスに昇格した女性を対象とする必須の研修である。昇格を機にリーダーとしての意識を醸成し，行動変革につなげることおよび女性特有の不安や壁をブレークスルーし，チャレンジ意欲を喚起することを目的としている。先輩女性管理職によるパネルディスカッションを実施後，アクションプラン作成・キャリアビジョン面接を行い，現場での実践につなげている。

〈ネットワーク形成・交流施策〉
　1）女性マネージャーフォーラム
　女性取締役の講話やグループディスカッション等を通じて，キャリア意識の向上や女性マネージャー同士のネットワークを強化することを目的としたフォーラムである。2014年の6～7月に実施し，120名が参加した。
　2）女性マネージャーネットワーキング幹事会
　上記1）の活動を継続するべく，自らの自己研鑽やネットワーキングを図り，女性のさらなる活躍とともに，グループ会社全体の成長につながるような活動を企画・運営する目的で，2014年8月から幹事会を開催している。1年の任期制で，全体会を2カ月に1回程度開催している。

〈その他〉
　1）「ちちおや会」「ちちおやガイダンス」など男性育児参画促進施策
　男性の子育て参画促進施策として，2012年，部署を超えた父親同士のネットワークづくりができる場として，「ちちおや会」が発足した。また，新たに父親になった社員とその上司に対しては，父親になったことを契機に働き方を見直し，今後のさらなる活躍に向けたワークショップ「ちちおやガイダンス」を開催している。

④　現状の課題とそれに対する取り組み
　1）復職後の業務量・業務内容の割り当て
　復職した女性社員に割り当てる業務量や業務内容については，個別の対応も必要と考えている。育児中の多忙な時期に，上司が「過度な配慮」から比較的緊急度や重要度の低い仕事を与えたり，業務量を減らしたりするケースがある。責任ある業務を与えないと復職者本人のスキルは上がらず，モチベーション低下につながる可能性もある。本人の意思・考え方を踏まえて，業務量や仕事の責任の重さ等について十分に吟味をしながら割り当てる必要がある。具体的な対応策としては，復職者を持つ上司向けガイダンスでマネージャーにマネジメントノウハウについて伝えている。また，本人には育休後フォローアップセミナーで自分のキャリアについてしっかり考えるとともに，上司とも相談しフルモードで活躍するよう伝えている。

2）マネージャー層のパイプラインの確立

部長職から役員層で女性を継続的に輩出する仕組みづくりおよび多様なマネージャーの輩出・拡大を目指している。

3）部門間格差の是正

全社的には女性活躍・管理職登用は進んできているものの，部門間格差が存在し，特に営業部門や生産部門に課題認識を持っている。営業部門においては，ストレッチ機会の提供による女性リーダーの輩出・育休明け社員や経験採用など多様な人材の活用・職域の拡大を軸に，営業女性の活躍フィールド拡大に向けた仕組みづくりに向けて，若手営業女性向けのワークショップや，イントラネットでのロールモデル紹介を行っている。

このほかにも，異業種合同の約半年にわたるプロジェクトで，「営業で女性がさらに活躍するための提言」を経営層に答申する「異業種女性営業職合同ワークショップ」を開催している。

これらの各種取り組みを通じて，女性営業職という職域を確立し，成功事例の創出・水平展開させていく流れをつくることを目指している。

(2) B社

① 企業の概要

・業種：製造業（情報システム）
・正社員数：約26,000人（国内単体）

② 企業としての女性活躍についての基本的な考え方・背景や設定目標

B社は，「多様性をイノベーションへ」をスローガンに掲げ，個人の成長（社員の一人ひとりが，互いを認め，自分ならではの付加価値を発揮し，組織に貢献する）と組織の成長（多様な視点から自由闊達に議論することで新たな知恵と技術を創造し続ける）がリンクする形を目指しており，その中の1つの施策として女性活躍推進が包含されている。

女性活躍推進に関する施策は，2008年以降，社内において認知・理解→理解・実践→実践・ビジネス貢献と段階を踏みながら展開してきている。

2008年にダイバーシティ推進室を人事部門とは切り離した独立した組織として創設し，副社長がダイバーシティ推進室の担当役員を担っている。2020年度までに女性社員比率および新任幹部社員女性比率を全社員比20％の数値目標を

掲げている。

③ 今まで取り組んできたこと

組織の風土改革，個人の活躍支援，働き方改革を，ダイバーシティ推進施策の3本柱として実施している。女性活躍推進に関しては，「個人の活躍支援」の中で女性社員に特化した施策を実施している。女性活躍支援は，組織の成長に結び付くものをマネジメントしていきたいという想いをもとに取り組んできた。具体的な取り組み施策は以下の通りである。

〈女性幹部社員育成〉
1）女性リーダー向け育成プログラム

女性幹部社員育成に特化したポジティブアクションの一環として実施している。今後課長職に上がって活躍できると期待される女性社員を対象としており，会社が本人の背中を押すことで，リーダーさらには幹部社員の育成を目指している。

このプログラムへの参加者の選抜に当たっては，所属事業本部ごとに人事から候補名簿を展開した上で実施している。選抜された参加者には，何かをゼロから自分で立ち上げた経験や，外部と交渉して何かを作り上げるリーダーの経験を蓄積してほしいと考えている。

プログラムは6カ月間のOJTとOff-JTとなっているが，Off-JTはダイバーシティ推進室が主催して，各部門から集められた参加者がチームに分かれてグループワークを実施し，経営戦略に則ったテーマについて議論を行っている。女性のみのグループ討議では，互いに遠慮をすることがなく，非常に活発な意見交換になることが多い。

また，Off-JTの一環として，参加者から役員を指名し，女性社員と車座になり話をする機会も提供している。指名を受けた役員にとっても，女性社員がどのようなことを考えているのかを知ることができる貴重な機会となっているようである。

プログラム導入当初は，「なぜこのようなことをやらせるのか」という声が多かったものの，5期目に入った現在では，「プログラム参加者が羨ましい」という声や，（本来は推薦制だが）自ら上司に手を挙げて参加を志願する人も出てきている。

【その他の施策】
〈両立支援施策〉
　1）次世代育成支援対策推進法に則った行動計画の策定
　2005年から行動計画を策定しており，2014年には「子育てサポート企業」として，厚生労働大臣の認定を受けた証である「プラチナくるみんマーク」を取得した。
　2）産休前後女性社員向け支援
　産休・育休に入る女性社員向けに，産前産後休暇制度の整備および育児休職からの復職後1年以内の社員を対象としたフォーラムを開催している。
　3）育児中の女性社員への両立支援
　ベビーシッターの費用を一部補助する制度の整備や，事業所内に保育施設の設置・運営するなどして，仕事と育児の両立を支援する体制を整えている。

〈会社・上司向け施策〉
　育児中の社員を部下に持つ上司を対象としたフォーラムを開催している。内容は，育児中の女性社員の特徴について医学的な内容を含んだ講演や，マネジメントに関する講演や，それらを受けたグループディスカッションを実施している。健康管理の注意点にも触れることで，女性の身体的な変化もマネージャー層に理解してもらうことを目的としている。特に近年は，高年齢出産の社員が少なくなく，同時に未婚男性が上司になるケースもあるため，ケアをしている。

〈ネットワーク形成・交流施策（ロールモデル発信含む）〉
　1）ロールモデルの紹介
　日常ではあまり接する機会のない女性幹部社員を，一般女性社員に紹介する機会を設けている。
　2）女性営業異業種交流会
　男女雇用機会均等法施行以降，女性の営業職の採用を行っている。そうした中で5～6年前から，女性の営業職に特化して，他社のマネージャーをスピーカーとして迎えたワークショップを開催している。他社のマネージャーをロールモデルとして紹介し，業種を超えて営業職としてどのような働き方が期待されているのかを伝えている。

④ 現状の課題と問題意識
　1）支店単位では少ない女性数
　本部勤務の女性社員は増加しているが，全国に点在している支店単位では，女性社員が1人のところもあるのが現状である。
　2）些細な点への気配りの欠如
　育児中の女性社員には，例えば16時から会議を設定されるなど，些細なことで期待のかけられ方が違うと思ってしまうこともあり，その結果，自信を削いでしまうことになっている。上司や社内全体から本人への意識・動機づけがいまだに十分ではなく，今後の工夫や取り組みが必要である。
　3）復職後の業務量・業務内容の割り当て
　育休明けの社員に対する業務量・業務内容の割り当てや，チャレンジのレベル設定に悩む幹部社員が少なくない。本人に対して配慮すべきところと配慮しなくて良いところの線引きが難しく，上司個人によっても異なってくる。

⑤ 今後の取り組みの方向性，現在試行していること
　1）2020年度までの数値目標の達成
　2020年度までに女性社員比率および新任幹部社員女性比率を20％とする数値目標を掲げている。女性リーダー育成プログラム（前述）を核として，職場，経営層，人事，人材育成部門，ダイバーシティ推進室等の関係者が連携した全社的な取り組みを継続していく。現状のまま，社内に優秀な女性社員が残れば，女性管理職の割合は高まっていくと考えている。
　2）多様なロールモデルの「見える」化
　ロールモデル紹介や女性営業異業種交流会での他社マネージャーの紹介などを通して，その存在や苦労など，いろいろなことを「見える化」することを意識している。ただし，その際のロールモデルは，多岐にわたるものであった方がよく，仕事と家庭生活を両立している方だけではなくても良いのではないかと考えている。
　3）ダイバーシティを通した企業の社会的イメージの構築
　社会全体で女性活躍推進を含むダイバーシティについて盛んに議論されることで，ダイバーシティが1つの指標となり，営業や社会的イメージにも直結してくる時代になってきた。ダイバーシティにどれだけ貢献しているのかという点において，女性社員も含めて社員全員が活躍することで，組織が成長してい

るイメージを作っていきたい。

(3) C社

① 企業の概要
- 業種：情報サービス業
- 正社員数：約20,000人（国内単体）

② 企業としての女性活躍についての基本的な考え方・背景や設定目標
　C社では，これまでも性別を問わない登用を行っており，管理職全体に占める女性の割合は年々増加している。男女雇用機会均等法施行（1981年）前からIT技術者（システムエンジニア等）の人材確保が重要との判断から女性の採用を積極的に進めた。事務・技術部門に関係なく，女性社員の結婚，出産による退職が多かったことから，女性社員を時間と費用をかけて戦力化したいとの想いで就業継続やキャリア形成に関わる関連施策を展開してきている。

　C社では，2013年7月人事部内に多様な人材の活躍を推進するために「ダイバーシティ推進グループ」を設置し，関係部門が連携して施策の推進に取り組んでいる(注1)。施策としては，女性幹部候補・管理職育成を中心とした女性活躍推進およびワーク・ライフ・バランスを2つの軸として進めようとしている。ワーク・ライフ・バランスについては，最近では介護との両立の問題も大きく，経営側としても注力している。また，性別を問わず，柔軟な働き方の実現を目指している。

　さらに，C社では，女性活躍推進についてダイバーシティの推進の一環として目標設定している。中期目標（2013～2015年度）は，「役員輩出を視野に入れた部長級以上の女性管理職についての育成強化と計画的登用（具体的には「2018年4月での女性比率5％」）を掲げている(注2)。新規採用者に占める女性の割合は3割弱まで伸びてきており，近年では結婚・出産を機に退職する人はほとんどいない。一企業の努力で何ともならない部分ではあるが，理系出身の女性のパイ自体が少ないことが課題だと感じている。

③ 今まで取り組んできたこと
〈育児との両立支援施策〉
　C社が取り組んできた，育児との両立支援施策の概要は**図表5-3**の通りで

図表 5-3　C社の育児との両立支援施策の概要

年　度	育　児　関　連
1990年	・育児休職制度
1992年	・育児短時間勤務制度（3歳3月末まで） ・医療看護休暇制度（本人の傷病治療・療養や家族の看護のために取得できる年次有給休暇とは別の有給休暇制度）
1998年	・育児クーポン（全国ベビーシッター協会のベビーシッターサービスに対する割引クーポンを支給）
2000年	・育児短時間勤務制度の期間を小学校入学まで延長
2002年	・ファミリーフレンドリー休暇（多目的休暇）制度（医療看護休暇制度を改定。従来の医療看護事由に加え，配偶者出産，予防接種など本人・家族の疾病予防，家族の介護，授業参観など家族の学校行事，ボランティアを対象事由に追加） ・子の看護休暇5日
2004年	・短時間の期間を小1の3月末まで延長 ・育児・看護短時間勤務の30分単位化
2005年	・チャイルドケア支援制度（親元などへの転居費用補助） ・ファミリーサポートサービス利用料補助制度（子の送迎などのボランティア利用料補助） ・在宅勤務制度を整備
2006年	・育児短時間勤務制度の期間を小3の3月末まで延長 ・つわり，不妊治療事由の休暇制度
2007年	・不妊治療費補助制度（年間20万円×通算5年）
2008年	・子の看護休暇を5日×子の人数分に拡充 ・育児休職制度，育児短時間勤務制度の対象者を拡大（子育てに専念できる配偶者や父母を有する場合も取得可能とした） ・配偶者転勤・育児介護の理由の退職の再雇用制度（退職者リエントリー制度） ・在宅勤務を全社導入
2010年	・3歳未満の子を持つ社員の時間外免除制度
2012年	・ファミリーサポートサービス利用料補助制度の要件緩和（小6まで） ・チャイルドケア支援制度の要件緩和（対象保育所の運営時間21時→20時） ・ファミリーフレンドリー休暇取得事由追加（学級閉鎖，振替休日）
2014年	・育児短時間勤務制度の期間を小6の3月末まで延長 ・ファミリーサポートサービス利用料補助制度の適用範囲を拡大（国または自治体が委託もしくは紹介する民間の施設も補助対象に追加） ・育児休職者向け復職支援セミナーの開催

（出所）　C社提供資料およびHP情報（2015年12月11日取得）を追加して作成。

ある。
　この中で，特に，育児休職者向け復職支援セミナーは，復職を間近に控えている育児休職中の社員（男女問わず）を対象に実施し，約50名が参加している。「復職後，復職前に考えていた業務と異なる（より簡易な）業務をしている」という労働組合からの声もあったこともセミナーの実施理由の背景にある。
　実施内容は，「会社の近況，両立支援制度の使い方」，「昼食を取りながらの参加者交流タイム」，「仕事や育児に活かす感情のマネジメント術」の3つのセッションで構成している。これまでは，管理職に向けては復職者へのサポートなどを扱ってきたが，復職者本人向けのセミナーは実施してこなかった。時短勤務は良好なコミュニケーションがない限り成り立たないことを意識してもらい，自分から上司に対して本人の状況を開示し，どのように働きたいか・どのくらい働けるのかを本人の口から上司に伝えるよう伝えている。
　また，休職中に会社が変化したこと（システムの変化，事業場の新設など）を，人事として伝える機会としても活用している。

〈会社・上司向け施策〉
　1）経営幹部のコミットメント
　C社では女性活躍推進についてのコミットメントを発信しているほか，厚生労働省ポジティブアクション宣言（2015年6月），経団連自主行動計画（2015年4月）でも発表（「女性の役員・管理職登用に関する自主行動計画」）している。
　2）会社・職場・上司向け施策
　経営幹部層のダイバーシティ推進に向けた意識啓発を目的として講演会を実施している。2013年度は「ダイバーシティ推進の企業の成長」，2014年度は「経営戦略としてのダイバーシティ推進」をそれぞれテーマに実施した。
　その他，女性のキャリア形成と意識啓発を中心とした，「部長職登用，育児に向けた事業部長インタビュー」，部長職向けマネジメント研修（評価），課長職向け両立支援研修をそれぞれ実施している。

〈ネットワーク形成・交流施策（ロールモデル発信含む）〉
　1）女性管理職有志による対話イベント
　2014年度には，多様なロールモデルの見える化，ネットワーク作りの場を目

的として，女性管理職有志と主任・新任マネージャークラス（80名）の女性社員の対話イベントを開催した。イベントでは，ゲストによるスピーチ，グループに分かれてのディスカッションや全体共有，懇親会を実施した。対話のテーマとしては，「キャリアプランと，人生プランどうしたい？」，「管理職，リーダーとしての働き方。楽しさ，難しさ」，「まず，自己変革から会社を変えよう」を設定している。

2）女性営業職を対象としたキャリア開発イベントの実施

2013年度以降，「全国営業女性交流会」を続けている。同交流会は，同世代ネットワークの拡大・連携強化や働き方の視野拡大を目的として，20代後半の女性営業職を対象に実施している。交流会では，「先輩女性営業との交流（自分のキャリアを考える）」，「社内制度説明」を行っている。

参加者の感想としては，「大変有意義。家庭と仕事を両立する先輩の働き方や制度等，ずっと気になっていたことを知ることができた」，「出産後も営業職を続けるには，私生活を犠牲にしなければ無理と思っていたが，（先輩女性営業の方は）それぞれ自分の方法を見つけており，心強く思った」などが挙げられている。

また，今後も参加を希望するかとの質問については，「希望する」が92％となっており，「モチベーションが上がる」，「制度面や育休から復帰する際の不安も大きかったが，心が軽くなった」といった声が聞かれている。

〈その他（働き方改革の一層の推進）〉

C社では，2013年度から実施した年次有給休暇取得促進施策について，取り組みを年々強化している。また，長時間労働者の削減，平均時間外労働の短縮に取り組んでいるが，実績としてはほぼ横ばいの状況であった。

④ 現状の課題と問題意識
1）女性幹部候補・管理職育成

女性幹部候補・管理職育成のための3つの要素として，「会社幹部のコミット」，「上司の女性育成に対する意識」，「女性本人の意識」としている。

その中で，働く女性が自らの仕事に対する姿勢を意識することの大切さに着目し，女性がキャリアプランを考え，自らの可能性を信じて，前向きに管理職，幹部候補としてのキャリア形成をしていけるように，「働く女性の意識改革」

に着目している。

　管理職の育成に向けては，まず「土俵に上がること（機会を与えること）」を意識している。放っておくだけでは，女性管理職は育ってこない。特に部長職以上への登用については，「個人」に焦点を当て，部長職になるための必要なキャリアや経験の付与を個別にプランニングする段階に入っている。

2）営業系・職種の両立支援，ロールモデルの構築

　営業系（マーケティング，広報・宣伝，販売促進（営業の中のスタッフ））には女性社員は多いが，管理職は少なく，両立支援が課題となっている。営業系では顧客との関係性が強く，社員自身の都合だけで予定などが決められず，その結果，両立が難しい面がある。ただし，顧客との関係を構築後，顧客に対して打合せの設定時間等について上長から依頼するケースもある。

　また，最近では，営業部門の女性の3割程度が主任職になっているが，まだ，その上位職のロールモデルが少ないのが現状である。

3）マネジメントのスキルアップ

　ダイバーシティの推進を図るほど，さまざまな人材が企業内にいることが当たり前になっている。そうした方々をマネジメントしていける人材の育成は課題である。性別，国籍に限らず，働く時間が違う，考え方が違う人たちで構成される組織が高いアウトプットを出すためにどうしていくかを考えなければならない。「あうんの呼吸」は組織の中では，もはや通じない。

⑤　今後の取り組みの方向性，現在試行していること

1）女性幹部候補・管理職の育成

　女性幹部候補・管理職育成については，これまでと同様に，部長級を中心とした女性管理職の会による中堅，若手のキャリア意識啓発およびネットワーク形成を目的にイベントを実施する計画である。C社では，このような，各種イベントを通じて，次の幹部社員候補となる人材の意識啓発と，ネットワーク形成を支援している。

2）働き方革新に向けた取り組み

　働き方革新として，全社的に一律に行っていることはなく，働き方を変えるための「メニュー」を提示して，その中からそれぞれの職場の状況に応じて選択的に取り組んでもらっている。会議，資料，制度・ツール，メール，その他の各テーマに沿って集約し，「会議時間を最大1時間にする」，「開始時間に

なったら開始する」,「メールは決まった時間にのみチェックする」,「共用サーバーのデータを管理し，検索時間を減らす」,「今日すべきことをホワイトボードに宣言する」,「1年の休暇計画・予定を作成する」など，小さな取り組みから働き方を変えていく取り組みを進めている。

なお，上記の施策は全社業務革新の一環として企業グループ全体で進められており，役員・幹部自らが主導している。

3）経営の意識の変化

経営層には，今後のグローバル展開に向けて，働き方革新やダイバーシティ推進は欠かせないという意識が強くみられ，そうしたメッセージを発している。世の中を知っている人は50代の男性（現在のC社の管理職のマジョリティ）だけではなく，もっと消費者目線で，さまざまな人を取り込んでいく必要があるというシンプルな考え方が背景にある。

人事としてはそうした経営層からのメッセージを活用しながら，「自分たちで変えていきたい」という人たちをサポートする形を意識しながら進めている。

(4) D社

① 企業の概要

・業種：アクセサリー，服飾雑貨等の販売
・正社員数：約600人

② 企業としての女性活躍についての基本的な考え方・背景や設定目標

D社では女性に限らずキャリアというものに対して，仕組みやインフラが全くできていなかった。3年半前からキャリアについての勉強を開始し各種施策を実施した。社員の過去の振り返りや棚卸しをすることで,「人事がいうキャリアってこういうことなのだ」ということが社員に徐々に伝わってきている段階と考えている。

親会社ではキャリア開発が定着してきている。一方で，女性活躍という点では，下部組織のカンパニー（全5つ）や事業会社では，それぞれ育休の取りづらさ，復職してからの働きやすさに大きな差があるのが実態である。

直近では，「くるみんマーク」の取得を目指して，育児・介護休暇の啓発セミナー，男性育休取得のためのインフラ整備を進めており，5つのカンパニーに対しても周知徹底を図っているところである。

親会社の管理職の女性比率は20％。部長以下が圧倒的に多く，執行役員・取締役には女性はほとんどいない。育休取得率は90％以上であり，経営陣からみると十分達成しているとの感覚である。

以下では，1つの事業会社（中小企業）の取り組み，課題等について整理をしている。中途採用が基本の会社であるD社は，社員の9割が女性で占められ，管理職の女性比率は35％である。管理職に昇進する割合は女性の方が低いが，これは，勤続年数が男性の方が長いのに対し，女性では結婚退職をする人が多いなど，20年以上勤務する女性が非常に少ないことが要因である。また，男性管理職を外部から採用することもある。

③ 今まで取り組んできたこと

D社での取り組みとしては，女性が多い職場で，社員にいかに長く活躍してもらえるか，その環境を整備していくかに主眼が置かれている。施策としては，労働時間，休暇，職場復帰の面からの取り組みが行われてきている。

〈働き方改革・両立支援〉
1）短時間勤務制度の利用促進

短時間勤務制度を創設したが，利用者は全国100店舗，400人中15人（本部：8名，現場7名）に留まっている。この現状から，どう利用人数を増やしていけるかについて取り組んでいきたいと考えている。

2）連続休暇制度（昨年度から実施）

小売店舗の社員は，なかなか連休が取りづらい状況にある。社員には有給休暇とは別に連休を取ってもらい，リフレッシュをしてもらっている。「休みをこんな風に使いました」といった事例を社内報で知らせて，他の社員にも休む姿をみてもらうようにしている。取り組みは2年目になり，社員にとっては連続休暇が当たり前になってきた。「新しいチャレンジ」の1つと考えているが，チームプレーで売上を高めていきたい。

④ 現状の課題と問題意識

社員のキャリア開発をどうするかがD社の大きな課題となっている中で，会社・人事的な観点から言えば，執行役員を務められる女性を早く輩出したいと考えている。そのためには，執行役員はどのような職責を負っているのかな

どをみせることで，実現に向けた経験やチャレンジを積ませていこうと考えている。これまでD社では，管理職に過度に責任を持たせてしまい，その結果，女性のチャレンジを阻害してしまっていた。今後は，チャレンジができる会社，チャレンジをして失敗したとしても次のチャンスがある風土を作っていこうと考えている。これは，男性についても同じである。

また，小売店舗では，女性社員が産休・育休に入っても，なお，高利益水準を維持することは極めて困難だが，利益を出しながら，いかに女性の活躍の場をつくっていくか，短い時間で生産性を高めていくかが課題となっている。

店舗運営と女性の配置に関して，首都圏の近隣に複数店舗がある地域であれば，誰かが欠けた時にピンチヒッターとして駆けつけることができるが，地方の店舗数が限られるエリアでは，代替が利きづらく，出産や育児のタイミングで，産休・育休を取らずに，迷惑をかけたくないために結局は退職してしまうケースもみられている。

⑤ 今後の取り組みの方向性，現在試行していること
1）コミュニケーションを通じた組織改革・組織開発

社員の会社に対する不安感，不透明感があったところから，キャリアの考え方を知ってもらう機会を設けるなど，風土を変えるようにしている。

今までやっていないことに取り組み，新しいことをやっていかなければ競争力が落ちるだけだと考えている。経営陣が変わり，経営方針や企業文化も変わってきたが，全体に波及していくまで時間もかかる。

具体的には，社員間のコミュニケーションをさらに深めていく必要から，社員研修旅行を復活させることを計画している。行き先は海外のD社提携先の製造工場を想定している。また，日常から店舗の社員と話す機会を持ち，生の声を聞くようにして，制度の構築を進めている。

こうした参画型の取り組みを進めることで，社員に当事者意識を持ってもらい，自分たちで組織を変えていけるという感覚を持ってもらえるかが鍵だと考えている。これは，組織改革・組織開発とも言える施策であり，時間のかかる取り組みだが，継続的に推し進めていきたい。

2）再雇用制度の導入

一度退職した人を再度雇用する制度を設けている。導入の背景には，D社では現在，出産する女性が多いが，育児休業後，保育所の受入れが難しく，結局

辞めてしまう女性も多いことがあった．一度退職してしまうと，気持ちもつながりも切れてしまっていたが，本制度があることで，「いつでもつながっている」，「戻ってきてもよい」という気持ちを持ってもらえる．現状では，自分がいることで，ほかの人にどのような面倒がかかるかを案じるあまり，辞めるしかないと考える社員が少なくない．

3）時差出勤制度

勤務をより早朝からにするなど「働き方のスタイルの多様化」を実現したいと考えている．ただし，営業時間が夜にわたっている店舗に対して，本社側がどうサポートするかの運用の実効性が課題である．また，D社では土日は交代制で出社としているが，柔軟な勤務体制とした場合に，繁忙期の土日にどう対応するかも課題である．これらに対しては，制度を整備して実際の運用事例を1つずつ作ることで広がっていくのではないかと期待している．

一案として，子育て中の女性のみのチームを組成することを考えている．社員が引け目を感じずに，サポート体制・レスキュー部隊を活用できるようにし，利用することは決して甘えではないという仕組みを作っていきたい．

4）期限付き社内インターンシップ

1年間，転部・転エリアができる制度の導入を検討している．その期間には，自分が将来やってみたいことを体験しても良く，また，トップ店に行きたいと思っても構わない．期限付きであり，必ず元の部署にいったん戻るが，戻った後に自分で再度，転部を選択することも可能である．こうしたキャリアの活性化を一つひとつ積み重ねることが重要である．女性の管理職比率に問題を限定するのではなく，働く価値観が多様になってきているからこそ，働き方やキャリアの積み方も多様性を受容していくことが求められている．

5）高年齢社員の働く場作り

D社の課題の1つとして，社員の高齢化がある．今までは，年齢が上がっても一事業会社の中で働いていくことができたが，事業会社間の横の異動を推し進め，社員の年代に合わせた経験を活用し，提案できる職場を作っていきたいと考えている．現状では，社員自身が「働ける期限」があると思い込んでいる節もみられるので，会社としては現場のプロを作り，人の資産も長く活用していく組織運営を意識していきたい．

(5) E社

① 企業の概要
・業種：通所介護業
・正社員数：約160人

② 企業としての女性活躍についての基本的な考え方・背景や設定目標
　女性職員が8割を占める介護業界の中で，女性が働きやすい施策や介護業界のイメージアップが必要だと認識している。E社も女性職員が大半を占めることは例外ではなく，転職が激しい介護業界で，いかに社員に定着し，活躍してもらうかを意識している。女性社員が当たり前の世界であるため，女性向けに特化した施策ではなく，社員および準社員への施策が自然と女性向けの支援になっているといえる。
　介護職は一人ひとりの労働力に依存する仕事であるため，経営的な面から考えても，個人に寄り添って，働きやすい環境を整えることが，最終的に経営にも好影響を及ぼすと考えている。

③ 今まで取り組んできたこと
　転職の多い介護業界においては，社員のキャリア形成を行うために，まず人事制度全般を整えることを目指してきた。
　複数のキャリアパスの整備，人事異動制度，等級制度等を導入した上で，社員のキャリア形成支援（キャリア面談等）の内容を導入した。勤怠管理を徹底し，基本的には時間外労働はさせていない。また，介護業は待遇が良くないというイメージが一般にあるが，業界平均より高い給与および時間外手当をしっかり支払っている。具体的には，下記のような取り組みを行っている。

1）複数のキャリアパスの整備
　キャリアパスを主に2つ整備している。1つ目は，主任→副センター長→センター長というコースで，2つ目は管理監督者に就かずにスキルアップしていきたい人に対して，「介護専門職」というポストを設けて，センター長と同等の給与を支給するコースであり，コース間の異動も可能としている。

2）キャリア面談
　全社員を対象とした面談で，1年に1回実施している。事前に面談シートを

配布し，それに基づき面談を実施する。会社側と職員の間で，意見交換・情報共有の場として機能していると感じている。昨年度より，正社員のみならず準社員（無期パート）に対しても面談を実施し始めた。

3）管理職女性への支援

新任のセンター長（今年度は4人中3人が女性）を集め，業務上での不明点や不安点を出し合い，悩みを共有・解決する機会を設けている。

4）中堅社員研修（女性リーダー研修）

1年に1回，将来のセンター長候補の女性社員に対して研修を行っている。介護の技術的な内容に加え，社会常識的な内容や，センター長に必要なマネジメントの内容についても扱っている。

④ 現状の課題と問題意識

1）管理職を目指す職員が少ない

管理職を目指す人が少なく，現状で良いという傾向が強い。この課題は，女性職員に限らず男性職員にも該当し，むしろ男性職員の方がこの傾向が強くみられる。

2）育休〜復職および介護休暇〜復職のロールモデルの構築

これまで採用してきた社員は，出産や子育てが一度落ち着いた30〜40歳代女性の中途入社のケースが多く，その後女性職員が活躍している事例は増え，積み上がってきている。一方で，今後は育児休業の取得からその後の復職の実例を作っていきたいと考えている。そのためには，社内の制度も同時に整えていく必要がある。

また，介護休暇制度を導入し，介護との両立・復職のロールモデルも作っていきたいとも考えている。

3）女性のみならずシニア層も活躍できる職域の確立

介護は体力が必要なイメージもあるが，そうではない業務も多くある。職域を確立して，シニア層にも活躍してもらえるようにしたい。

⑤ 今後の取り組みの方向性，現在試行していること

1）専門職としての介護職という意識づけ

社員に対しては，介護の仕事は専門性が求められる仕事であることを伝えている。会社として社員の資格取得の支援も行いつつ，社員が使命感や責任感を

持ち,「誰でもできる仕事」と自分たちで思わず,代わりのきかない仕事であることを自負してもらうよう努めている。それぞれの社員に役割を与えることを意識しており,そのことで責任感が芽生え,最終的には定着率の向上や経営の実績向上につながっていくものと考えている。

2）各種資格取得に向けた支援と専門性の獲得

社内貸付けにより,運転免許資格取得や,介護福祉士資格取得に向けて支援する制度を最近導入し,運用を始めている。こうした資格を取得することが,将来的には社内でのステータス向上につながることを伝え,本人のモチベーションが高まった結果,介護福祉士資格取得を目指す社員が増加している。数年前まで数名であった資格取得者は,現在は50名程度にもなっている。今後もっと増やしていき,専門職としての介護職を確立していきたい。

4．考 察

上記の企業事例より,現状の課題と問題意識・今後の取り組みの方向性について,業種・業態は異なるものの,いくつか共通の課題や特徴が浮かび上がった（図表5－4）。

(1) 復職後の業務量・業務内容の割り当てとその背景

主にA社とB社で挙げられた課題として,復職後,育児と仕事の両立を目指す女性社員に対する業務量や業務内容の割り当ての問題がある。本人の意識を十分に考慮せず簡単な仕事や少ない業務量しか与えなければ,かえって本人のモチベーションが下がってしまう。一方で,本人に過度な負担をかけないような対応も必要である。現場の管理職は,復職後の両立を目指す女性社員に対して配慮すべき点と配慮しなくて良い点の線引きについて,個人の考えやその時々の体調等によっても異なってくるため,難しい課題であるという認識が示された。

そうした状況に対して,各社の事例からは,妊娠期や出産後の育休時期から,管理職と面談の機会を設けるなど,コミュニケーションを図る機会を意図的につくっており,個々の事情に応じた対応策を模索する姿勢が企業には求められる。

この問題の背景には,総合職という職種で,無限定的な職務を特徴とする,

図表5-4 現状の課題と問題意識・今後の取り組みの方向性について（A～E社の事例より）

	現状の課題と問題意識	今後の取り組みの方向性
A社	・復職後の業務量・業務内容の割り当て	・マネージャー層のパイプラインの確立 ・会社・部門間格差の是正，新領域の拡大と成功事例の水平展開（特に営業職）
B社	・支店単位では少ない女性数 ・細かな点への気配りの欠如 ・復職後の業務量・業務内容の割り当て	・2020年度までの数値目標の達成 ・多様なロールモデルの「見える」化 ・ダイバーシティを通した社会的イメージの構築
C社	・女性幹部候補・管理職育成 ・営業系の両立支援，ロールモデルの構築 ・マネジメントのスキルアップ	・部長級を中心とした女性管理職による中堅，若手のキャリア意識啓発およびネットワーク形成 ・働き方改革 ・経営からのメッセージ発出
D社	・女性を中心とした社員のキャリア開発 ・女性執行役員実現のための経験やチャレンジ機会の提供 ・地方の店舗スタッフへの支援	・コミュニケーションを通じた組織改革・組織開発 ・再雇用制度の導入 ・時差出勤制度 ・期限付社内インターンシップ ・高年齢社員の働く場作り
E社	・管理職を目指す職員が少ない ・育休〜復職のロールモデルの構築 ・女性のみならずシニア層も活躍できる職域確立	・専門職としての介護職という意識づけ ・各種資格支援と専門性の獲得

いわゆる「メンバーシップ型」の雇用慣行を敷いてきたこととも通底していると思われる。短時間勤務者など柔軟な働き方の活用を拡大させるには、職務分析を行い、職務分解・業務の切り出しが必要となるが、そうした点への取り組みはまだ十分とは言えないのではないか。その中では、E社は重労働のイメージがある介護職について、軽作業な仕事内容から構成されるシニア層が活躍できる職域を確立し、女性のみならずシニア層の取り込みも目指していきたいと

している事例が見受けられた。

(2) 多様なロールモデルの構築とその後の「見える化」

　各社とも，女性管理職比率の引き上げ，産休・育休後の復職の常態化を目指し，ロールモデル（成功事例）の構築・創出に注力していた。ロールモデルの構築は，若手社員にとって自分のキャリア形成を考え，結婚や出産などのライフイベント経験後も就業を継続している姿をイメージしやすくなる効果が期待される。同時に，成功事例を積み上げていくことで，上記のような効果に加えて，組織内での支援の要請が増加していく効果も指摘されており（中村(2015)），組織の活性化という点も期待される。

　ロールモデルとしては，結婚・出産・育児を経験し，皆似たような苦労や悩みを抱えながら就業を継続してきた人をピックアップするなど，各社で対象者の選定に工夫がみられる。こうしたロールモデルについては，ダイバーシティの観点から，出産・育児を経験したケースはもちろん，結婚・出産をせず，主に仕事に注力して結果を残してきた社員の事例や，短時間勤務で「ワーク」の量を少なくしている社員の事例など，仕事の仕方に選択肢が広がっていることを示すことが重要だと考えられる。限られた事例は，女性は結婚・出産するべきといった無言の圧力を発してしまうことになりかねず，女性社員の選択肢の幅を広げるはずのロールモデルの構築が，かえって機会と範囲を狭めてしてしまうことも危惧される。

　さらに，女性管理職のロールモデルの提示は，現状では女性管理職育成に特化したアクションプログラムとして活用されているが，中長期的にはアクションプログラムへの参加によらない形で昇進した女性管理職のケースも必要になるだろう。

　一般的な昇進については，A社で聞かれた，現在の男性管理職における「自分の次を任せるのはこの人だ」という形で自然と男性の後輩社員を指名してしまう側面があることには意識的な対応が必要となる。こうした側面があることを，現在の（男性）管理職に対して意識づけ（研修等）をさせ，復職後の女性社員への評価・昇進の公平性を担保することが求められており，その実現に向けた制度構築が必要である。

　また，ロールモデルについては「いかに対外的に発信していくか」も重要である。各社とも，社内報での広報やフォーラムやワークショップ等での接触の

機会を設け，ロールモデルの「見える化」に取り組んでいる。

(3) 職域の拡大に向けて―営業職への女性の進出―

　各社とも，営業職への女性社員の登用を課題として認識しており，A社，B社，C社は営業職の異業種交流会などを実施している。

　営業職については，代替が利きづらく，クライアントが指定する時間や場所に対応が求められることや，交代的な勤務形態が取りづらいことから，特に働く時間や場所が限られている女性社員は，踏み込めていない職種である。

　一方で，女性の営業職が進出できていない領域では，女性目線での提案や営業ができる余地は残されている可能性があるとも考えられる。女性ならでは強みを活かすことで，女性社員の営業職としてのキャリア形成を進め，同時に企業サイドでも新たなビジネスチャンスになり得るのではないだろうか。

　営業職への女性の進出については，各社が共通に課題として感じていることから，同じ課題を抱える異業種との交流会などをきっかけとして，業界横断的に女性営業職のロールモデルの構築と対外的な発信・共有を進めていくことが求められる。

(4) 組織づくりの観点

　D社やE社は，その業種・業態から，「女性活躍推進」という意識での取り組みではなく，組織全体を改革していく取り組みが結果的に女性の活躍推進につながっている事例であった。

　このような組織づくりの観点による取り組み事例に関して，D社やE社に限らず各社で，上司と部下あるいは社員同士でのコミュニケーションの機会を積極的に設けており，働き方の見直しの取り組みも進めている。こうした事例は，単に女性活躍推進という数値上の目標達成に限定するのではなく，管理職や男性社員の働き方やキャリアパスの多様化も含めた組織全体の変革に取り組んでいるものと考えられる。

注■

1　女性活躍推進に加え，障害者，外国籍社員，LGBTなどへ総合的にサポートする部署が必要であるという認識の基で設置している。

2　2015年3月時点で，全社員に占める女性の割合は18%で，女性管理職比率は5.2%。係長職以上：13%，課長職以上：6%，部長職以上：3.6%となっている。

参考文献

厚生労働省（2012），「平成23年度育児休業制度等に関する実態把握のための調査研究事業報告書」。
厚生労働省（2015），「平成26年度『キャリア・コンサルティング研究会』―企業経営からみたキャリア・コンサルティングの意義や効果に関する好事例収集に係る調査研究」。
McGregor, D.（1960）, *The human side of enterprise*, McGraw-Hill Book, New York.（高橋達男訳（1970）），『企業の人間的側面―統合と自己統制による経営』，産能大学出版部』）。
中村和彦（2015），『入門　組織開発―イキイキと働ける職場をつくる』，光文社。

■第6章（補論）
女性活躍推進で企業・女性に何が起こっているか
―「育休世代のジレンマ」からの脱出戦略―

中野　円佳

> 　子育ての時間と仕事のやりがいの両方を得ようとする「育休世代」の総合職女性には育児と家庭の両立支援制度が整ってもなお，離職や意欲の冷却が起こっている。
> 　これに対して，先進企業は人材不足に対応するためやグローバル競争を勝ち抜くために女性活躍を進めており，後発企業も政府の後押しで重い腰を上げ始めている。しかし，数合わせ的な女性の抜擢は，後々の女性活躍に対する反動を引き起こす可能性がある。働き方の問題を解決しなくては，抜本的な離職率や登用率の改善にはつながらない。
> 　一方，女性たち個人の側では自身が昇進することや社内で声を上げることで，所属企業を変えようとする動きが出ている。ただし，制約がある女性が昇進する壁は高く，上司や人事，労働組合も力になってくれることは少ない。ワーキングマザー同士が連帯できない構造もあり，優秀な女性たちは中途採用ニーズなどに応じてむしろ転職市場に出始めている。
> 　女性たちが抱えるジレンマを克服するには，働き方の改革と労働市場の流動性が確保され，改革が実現できた企業に人材が流れるという好循環が社会に波及していく必要がある。

1．女性活躍推進の波と「育休世代のジレンマ」

　2012年の安倍政権成立から女性活躍が謳われ，2015年には女性活躍推進法が成立した。企業は急速に「女性活躍」への対応を迫られるようになった。政府および企業の動きにより，女性たちはときに翻弄されながら「活躍」を後押しされ，それぞれにジレンマからの脱出を図っている。著者は2012年時点での調査をもとに『「育休世代」のジレンマ―女性活用はなぜ失敗するのか』（2014）を上梓したが，本章ではその後の様子を報告する。

　その前に，なぜ女性活躍が進まない構造にあったのかを把握するため，前述

の『「育休世代」のジレンマ』の内容を要約しておこう。「育休世代」とは，2000年前後の改正均等法，育児・介護休業法の改正などを経てから就職した世代のことと定義している。この世代は，企業の女性総合職採用が増え，さまざまな両立支援制度が整い，大企業の正社員であれば育休を取ることがある程度「当たり前」になってから出産している点に特徴がある。

仕事と育児の両立は制度的には整っているにもかかわらず，ハードルはいっそう高くなっている面がある。育休世代は，1980年代以降の個性重視教育やキャリア教育により，仕事に対する「自己実現プレッシャー」と，少子化対策が進められ不妊リスクについての知識が周知される中で「産め働け育てろプレッシャー」の両方を受けている。

そのような背景において，この世代の総合職女性たちにパラドキシカルな現象が生じている。それは「就職時はバリバリやる気満々だった女性ほど出産後に所属していた企業を退出し，どこかの段階で上昇意欲を調整（冷却）できた女性の方が継続しやすい」というものである。

学生時代から男女平等を信じ，競争社会で勝ち上がっていく意識が強い女性（マッチョ志向）は，就職活動時に「働きやすさ」などの条件を度外視して「やりがい」重視でハードワークを強いる職場に自ら入っていく。このような女性は，従来の上方婚の流れに加えて，競争へのコミットが強いゆえに夫に対しても「競争からおりてほしくない」という意識が強く，夫に強く育児・家事参加を求めない。周囲は長時間労働をしている職場で，自分だけが子どものケアを担うことになった女性は，しばしば「過剰な配慮」を受ける。その結果，例えば，第一線から外され，責任範囲を大幅に引き下げられるといった配置が長期にわたれば，もともと仕事にやりがいを覚えていた女性たちは企業からの退出を選ぶ。

一方で，就職時から「自分が男だったらこういう仕事がしたかった」というやりたい仕事の内容を多少妥協してでも，ワーク・ライフ・バランスを重視して企業選びをする女性たち（WLB志向）は，出産後も昇進が限定される「マミートラック」をむしろありがたいものとして受け止め，就労継続自体はしやすい。ただし，本人たちも「もう少しアクセルを踏めそう」，「本当は手を挙げたいプロジェクトもある」と思っていても，短時間勤務の止め時が分からず，成長機会や昇進をなかなか獲得していけない。このような女性の増加は就労率の向上にはつながっても，意思決定層への女性の増加をもたらさない。女性が

処遇の引き下げを甘受すると夫婦の所得格差が拡大し，家庭内で夫婦にとって夫は仕事に走り続け，育児・家事を担わない選択がますます合理的になっていくという面もある。

かくしてパラドキシカルな二極化現象が生じ，副題の通り「女性活用は失敗する」というのが『「育休世代」のジレンマ』の分析である。出産後の女性が二極化する現象は，既存のジェンダー構造を強化し，企業内の女性同士の対立や結婚・出産前の女性の意欲低下をももたらす。この現象の背景には，育休世代が教育段階で経験してきた男女平等が，あくまでも男性に合わせる形での平等であり，いわばエリートの女性が企業論理やミソジニー（女ぎらい）を内面化することで男性中心社会を生き延びようとする「逆転したジェンダーの社会化」が背景にある。

2．企業の動きと課題

(1) なぜ「女性活躍」が求められるようになったのか

① 人材確保

『「育休世代」のジレンマ』で説明したような女性が活躍しづらい構造が残る一方で，企業側には女性活躍を推進する必然性がいくつか顕在化し始めている。1つ目は日本全体として労働力人口が減少していく見通しが立っている中での「人材確保」への危機感である。

全体の労働力が減る中で，大学進学率の男女差がなくなっているにも関わらず，いまだに就業率と潜在的労働力率の間には大きなギャップ[注1]がある。こうした長期的な見通しに加え，業界全体として不人気であったり，業界順位や知名度からして新卒採用に苦戦したりする企業では，優秀な女性を採用すること，その離職を防ぐことは経営課題に直結し始めている。

例えば流通業界では，ローソンの新卒採用の女性比率は56％（2013年度）と過半数を超えている。社員全体の女性比率はまだ低くとも，採用が増えることで，活躍推進をしなくては将来的に人材が不足するという見通しが立つ。こうした企業にとって，勤続年数や離職率の男女差を是正していくことは死活問題だ。

また，ITサービスを行っているSCSK株式会社は，男女ともに人材を生か

す観点から全面的に残業削減などの働き方改革に踏み切った。背景には，IT業界全体が劣悪な労働環境に陥り，学生からみて人気がなかったことや社員が疲弊していたことへの問題意識がある。改革前は女性新卒採用者の7割が30歳までに退職をしていたのが，3割弱にまで改善した。同社は，各種ランキングなどで「働きがいのある会社」として有名になり，採用面でも有利になったという。こうした動きはまず同業他社に，そして他業界にも広く波及し始めている。

② イノベーションの必要性

ビジネス上の必要性から女性活躍を推進してきた企業もある。例えば，化粧品大手の資生堂は顧客も大半が女性で，社員も8割以上を女性が占めており，女性が活躍できるかどうかは経営問題に直結している。

女性向け商品はもちろんのこと，女性が消費の意思決定の中心を担っていれば「女性の視点」は欠かせない。内閣府の「男女の消費・貯蓄等の生活意識に関する調査」（2010年）によれば，有配偶の男女で日常的な買い物の意思決定は，妻が74％，次に多いのは夫婦2人が19％で，夫が単独で意思決定をしているのは残りの4％程度でしかない。例えば日産自動車は，営業分野での顧客調査を踏まえ，女性営業に対する顧客満足度が男性営業のそれよりも高いことを公言している[注2]。

こうしたマーケティングの観点に加え，経営学などの研究から「多様な経験や価値観を持ったメンバーがいる方がイノベーションが起こりやすい」という知見がコンセンサスを得始めている[注3]。KDDIが2015年に発表した，ハンドソープで洗えるスマートフォン「DIGNO rafre」は，子どもを持つ女性が開発に関わっている。小さな子どもは目の前のものを何でも口に入れてしまう。雑菌のつきやすいスマホを子どもに与えないようにすることもできるが，いっそ洗えるようにしたらどうかという発想の転換が活きており，結果的に母親以外にも支持される可能性を持つ商品開発が実現している。

リスク管理の観点からも，金太郎飴的な同質の人材ばかりではなく，異なる意見を言う人材が求められている。グローバル競争下で変化の激しい時代に柔軟に動き，イノベーションを起こしていく必要性を感じている企業は，多様性の確保に動き出している。

なお，入山（2015）によれば，企業がこれらの目的を達成するには，ジェン

ダー以外の多様性も確保して，属性によるフォルトライン（断層）を作らないこと，中途採用などで多様な価値観や経験を持つ人材を組み合わせることが有効だという。また，せっかく採用・登用した人材を既存の企業戦士型人間に同化させると，「多様性」の効果は出なくなってしまう。

③ 政府の後押し

政府の方針や世の中の動きに押されて，慌てて女性活躍路線に舵を切ろうとする企業も少なくない。中には，トップが業界平均や政府目標などから女性管理職目標を決めてしまうケースも多い。このような後発企業の中には，目標数値の達成が可能そうな部署で極端に女性管理職を増やしたり，新設ポストを作ったりという歪（いびつ）な女性活躍が演出されかねない。

どのような要件を満たせばポジションに就かせることができるのか，その要件をどのように後押しして身につけさせるのか，ということが明確になっていないケースもある。実力が伴わない抜擢は，当然周囲のハレーションを生み，本人たちや同じカテゴリーとしてみられる後輩女性たち，女性の抜擢によりポストを奪われたと感じる男性など全方位的に社員のモチベーションの低下を招く可能性がある。

いたずらに数値の達成だけを目指すと，結果的に失敗事例ばかりが悪目立ちしてしまう可能性がある。「女性活躍」で確実に成功事例を生み，経営者や女性自身にとっての成功体験にしていかなくては，数年後に「やはり女はダメだった」という反動が訪れる懸念がある。

(2) 「女性活躍」のために何をすべきなのか

① 女性引き上げの対処療法

企業はどのようにジレンマから脱出し，女性活躍を進めようとしているのだろうか。労働政策研究・研修機構の調査結果（2015年）などから，女性の管理職が少ない[注4]理由を整理すると，1）もともと採用時点での女性比率が少ないこと，2）男性に比べて離職率が高いこと，3）男性に比べて登用率が低いこと，の3つに整理できる。さらに，3）の中で能力育成の問題と本人の意志の問題がある。

まず，1）もともと採用時点での女性比率が少ないことについては，新卒採用，中途採用でのテコ入れをする必要があるが，ここ数年の採用では女性割合

を増やしている企業も多い。上記の労働政策研究・研修機構の調査によると，2014年の新卒採用者のうち女性は4割で，このうち管理職以上への登用が開かれている「総合職」（地域限定総合職を含む）採用は女性新卒採用者の38％を占める。

　それでは，すでに組織内にいる人材において2），3）の現象に対してはどのように対処することが可能だろうか。多くの企業がはじめているのは，女性向けや管理職向けの研修，メンター制度などで「辞めさせないようにする」，「フォローアップをする」などの対症療法である。一部では，メンター制度よりも，実際の人事権などを持つ形で成長機会を与えるスポンサー制度や同じ成績であれば女性を登用するなどのポジティブアクション制度を導入する企業も出てきている。

　Kanter（1977；1993）が指摘するように，少数派は数の少なさによって発言がしにくくなり，多数派が求めるような役回りを演じてしまう傾向がある。大沢（2015）などが指摘するように，統計的差別などから上司が期待をかけておらず，予言の自己成就を起こしている面もあるだろう。ロールモデルの不在が女性の展望の描けなさにつながる側面もある。成功事例を生んで少数派の罠から抜け出すためには，ある程度の数とカテゴリー内多様性が確保される必要がある。

　これらの理由から，企業が数値目標を設定し，まずは実効性のある研修や制度によって数を確保することは理に適っている。しかし，企業が離職率や登用率の男女差が発生してしまう根本的な背景に向き合わない限り，いつまでも女性の引き上げ措置を講じなくてはならなくなる。

② **離職率・登用率に男女差が生じる根本原因としての「働き方」改革**

　なぜ女性が男性に比べて離職するのか，登用されないのか。阻害要因を解消しなければ本質的な問題解決にはつながらない。引き上げ策などの対症療法で解決されない問題として横たわっているのが，長時間労働を中心とする働き方の問題である。

　前述の2）の離職率が男性より高い要因の大半に，直接，間接とさまざまな形で育児や介護，夫の転勤などのライフイベントが影響している。『「育休世代」のジレンマ』で分析したように，何らかの制約が生じた際に「過剰な配慮」で責任のない仕事に配置されたりすること，時間当たり生産性を上げて対

応しているにも関わらず正当に評価されていないと感じたりすること，短時間勤務制度や地域限定正社員制度を使うことで周囲に不公平感が広がり居心地悪く感じることなどが，女性が仕事を見直す契機になっている。

ライフイベント発生前でも，いずれ発生することを鑑みたときにキャリア展望を描きづらく感じ，転職を考える女性も多くの企業でみられる。短時間勤務などは制度があっても使っている人をみたことがないために存在を知らない，使っている人に対して厳しいみられ方がしているなど，形だけの制度となっている場合もある。制度利用に対する評価制度の見直しや多様な働き方を生かす職場風土の醸成が必要だ。

前述の3）の登用率が低い要因はどうだろうか。登用については，能力と意思の問題があり，本人に管理職になりたいという意志があり，なるための努力をした結果，スキルを身につけることができ，要件を満たす，という形で双方に関係している。昨今海外では「自信」についての男女差が取りざたされているが(注5)，日本における当事者へのヒアリングで非常に多く出てくるのは，マネジメント能力に対する自信のなさよりも，管理職の働き方への不安である。現状の管理職の働き方が非常にハードで，「家庭を犠牲にしないとやれないので自信がない」，「なりたくない」というものだ。

同時に，管理職に引き上げる権限を持っている上司側へのヒアリングをすると，管理職になるには「経験を積んでいること」，「リーダーシップや責任感があり仕事を任せられるか」という要件が必要だという。ところが，その内容を掘り下げていくと，「経験」や「責任感」は，上司自身が経験してきたような長時間労働，24時間いつでも対応する必要がある担当領域を持ったことがあるかどうかを指していることも多い。

こうしたことを鑑みると，働き方改革を行い，そして多様な働き方をする社員の評価や報酬を公平なものとして明確化することが真の女性活躍には欠かせない。重要なのは，これらをメンタルヘルス予防，生産性向上などのさまざまな問題を解決するための経営戦略として実行することである。女性を引き上げるための働き方改革という位置づけでは，「なぜ働ける人たちの頭まで押さえつけなければならないのか」という反発が出る。働き方改革は，本来，男性たちにも恩恵をもたらすはずのもので，結果的に女性活躍もその1つの効果として出てくることが望ましいあり方と考えられる。

3．個人の動きと課題

(1) 意思決定層に上がって企業を変える

① ジレンマ脱出の難しさ

　女性側はどのようにジレンマからの脱出を図っているのだろうか。マミートラックは個人の努力で脱出することができるのだろうか。また，その個人の昇進は，組織内の女性全体を「活躍」に導く組織変革につながるのだろうか。

　マミートラックにはまる要因は，育児を抱えることで働く時間が制約される（残業がしづらい，子どもの発熱などの突発事項に対応する必要がある）ことを理由に，人事権限者や上司が配属や担当分けに際して責任の軽い仕事を割り振り，それが長期にわたった結果第一線への復帰ができなくなることにある。

　また女性側も，第2子以降や子どもが小学生になってからの帰宅時間などを視野に入れると，マミートラックを「ありがたい」ととらえ，意欲を冷却させ，挑戦や抵抗をしなくなるという難しさがある。

② 3つの昇進戦略

　これを脱出するためには人事権限者や上司に何らかのアピールをする必要があり，時間と成果の関係から次の3つの昇進戦略が考えられる。1）働く時間に制約がないフリをする「男なみ戦略」，2）働く時間に制約があっても，生産性を上がることで成果を強調する「生産性戦略」，3）働く時間に制約があり，成果も他の人に比べて見劣りすることは認めつつも，育児をしながら働いていることでみえる視点があることを活かす「ダイバーシティ戦略」である。

　このうち1）は，育児の外注や，夫にマミートラックに入ってもらう，あるいは専業主夫になってもらうことによって一定程度実現可能だが，これまでの専業主婦の妻がいる男性会社員の働き方に自らを同化させるものとなる。組織変革をもたらし広く女性が活躍する風土を作るどころか，長時間働ける人が昇進するというこれまでの構造を強化させる。

　2）は，組織の他の人たちの生産性が低いという前提の下に成り立ち，生産性が高くしかも長時間働くことができるハイパフォーマーには見劣りしてしまう。また，生産性の高さは専門性が活かせたり，すでに信頼関係を構築した取

引先や同僚のもとで仕事ができるなどの条件が必要になることが多い。総合職という職務が限定されずに次々と配属先が変わる中では，慣れて生産性が上がるまでの間，長時間労働を要することが多く，さまざまな経験を求められる前提の中では成果を出しにくくなるという課題がある。

それでは3）のダイバーシティ戦略はどうか。この戦略は一定程度有効であり，企業にイノベーションをもたらす可能性もある。ただ，他社員との差異化こそが価値になるために同じカテゴリー（例えば「ワーキングマザー」）が増えればその価値が減ってしまい，また利益を代表しようとして発言すると「自分こそが当事者である」という当事者性を巡る対立が起こるという難点は残る。

(2) ボトムアップで声をあげる

① 交渉ルートがない

個々人の昇進によってではなく，より直接的にワーキングマザーが制度の改善を求める場合はどうだろうか。現状への不満を交渉や提案によって解消しようとする動きは，組織を変えるだろうか。

2015年に，所属する企業に対する問題意識があり，何らかのアクションを起こしたことのあるワーキングマザーに調査をしたところ，ワーキングマザーたちの主要な不満には，1）時間制約を作らないための対応（土日や深夜出勤をする際のベビーシッター利用などの補助を希望する，曜日の振り替えを希望するなど），2）時間制約がある場合に，仕事の配分（ノルマが多すぎるなど）や評価（成果を上げても昇進ができない），報酬が不明確であること，の2種類があることが分かった。

しかし，こうした問題を企業の中で訴える正式なルートは通常不明確で，大半のケースではまず上司に相談している。ところが，ここで上司どのような判断をするかは，上司個人の性格や認識に大きく左右される。また，上司は自分の部下からあがってきた声を「個人の意見」としてしか吸い上げることができず，理解ある対応をしてくれたとしても組織全体を変革することにはつながりづらい。

ワーキングマザーの中には，上司に対応してもらえないなどで人事に相談するケースも多い。ただ，人事やダイバーシティ推進室は，相談が持ち込まれても対応する権限に乏しい場合も多い。研修などの設計はできても，人事部が評価制度を変えるなどの改革を主導できる組織は非常にまれである。中には現場

の葛藤を非常に的確にとらえ、データを集めている担当者もいるが、経営サイドの要求も理解しているゆえに板挟みとなり身動きが取れなくなっているケースもみられる。

労働組合はほとんど役に立っていない。労働組合は賃金交渉や全社員が関係する休暇などの福利厚生の充実を中心的な役割としており、非常に少数派である育児中の女性のニーズであるベビーシッター補助などへの同意は得づらいケースが多い。両立支援制度はむしろ対外的な表彰や認定マークの取得を目指して企業が新卒採用などでのPR的位置づけで取り入れることの方が多く、現状としては社員のボトムアップからの組織改善は機会が非常に少ない。

② ワーキングマザー同士でまとまれない

女性たちが声をあげて組織を変えることができない一因は女性たちの内部にもある。声をあげたり交渉をしたりする行動を「権利主張ととらえられないか不安」、「どのようにみられるか気にしてしまう」と、ためらう当事者は多い。問題を構造的に俯瞰し、データを集めて上司や経営陣を説得できるロジックを展開するようなスキルや時間を持ち合わせていない場合もある。

個人レベルの行動が難しい中で、集団であれば時間やスキルを持ち寄ってアクションが起こせるだろうか。そこに立ちはだかるのが、「ワーキングマザーの中にも働きたい人と働きたくない人がいて温度差が激しい」というような、女性同士、ワーキングマザー同士の利害不一致である。やりがいのある仕事をするためにベビーシッターの補助を求めたり、処遇の適正化を求めたりする行動は、すでにやりがいのある仕事を諦めてから時間が経ち、今の処遇で満足している女性の反発を招きやすい。

実際に、「マミートラックにいる女性から頑張られると迷惑と言われた」、「先輩世代からは自分たちがそうしてきたからという理由で諦めるように促された」と、本来同じカテゴリーである女性から直接的に反対の声を上げられたケースも見受けられる。実家との距離など育児資源や置かれた環境の違いにより利害を共有できないことも多い。ただでさえ女性が少ない中、ワーキングマザーはその中でも少数派であるにもかかわらず、ワーキングマザー同士が対立してしまえば、問題解決を図ろうとする人たちはさらなる少数派となってしまう。

(3) 変わる気配のない企業からは流出する

　社内で問題解決が図れない，先がみえないと考える女性は転職をし始めている。前節で触れたように，企業は管理職候補の女性のパイプラインが足りずに中途採用をするニーズが生じている。リクルートキャリアによると同社を通じた2015年の転職実績は2012年対比で男性が1.38倍だったのに対し，女性は1.51倍に増えているという。

　また，優秀な人材に週2〜4日，短時間でもいいから来てほしいと考える企業と専門性のある女性をマッチングするサービスも出てきている。ワーキングマザーの人材紹介会社 Waris には働きたい女性側が2,200人，企業は780社が登録しているという(注6)。登録から成約にかかる期間は2014年7〜12月で154日だったものが2015年同時期には68日に減ったそうだ。主婦派遣のビースタイルでは，短時間勤務で専門性を生かす「時短エグゼ」のマッチングが，2015年には開始した2012年から6倍の件数に膨らんだ。週5日分の報酬を支払うには負担が大きい中小企業などで，例えば採用経験のある人事担当者，広報担当者などを活用する枠組みが進んできている。

　個々人が個人事業主として，さまざまな企業と業務委託などの形で仕事をする枠組みも整いつつある。クラウドソーシング大手のランサーズの調査では，2015年時点で過去12カ月にフリーランスとして仕事をして対価を得たことのある人は有効回答の19％であった。矢野経済研究所は2018年年度のクラウドソーシングサービス流通金額規模を年平均成長率60％で1,820億円に達すると予測している。

　企業間では，優秀な人材を引き付けて活かるか，仕事をうまく切り出し外部人材を有効に使えるかの競争がすでに起こり始めている。こうした動きが長期的には仕事に対する適切な評価につながり，効率的に成果を上げようとする人が増え「働き方改革」につながる可能性がある。

4．女性活用失敗と男性長時間労働強化の悪循環の打破へ

　女性が処遇を引き下げられてしまい，意欲を冷却し活躍できない状況は，夫婦の所得格差と家事育児分担の女性偏重を強化する。夫側に，より仕事に打ち込むインセンティブが働き，企業側は無制限で働ける男性だけを登用するとい

う行動につながる。いわば職場と家庭で「女性活用失敗」と「男性長時間労働強化」の悪循環が起こる。しかし人材確保などの観点からこの構図は打破する必要があるのは明確だ。

　そのためには，企業は女性の成長機会の引き上げ策を実施することに加え，男女含めた働き方の改革をすることが必要だ。また，雇用形態や時間によって差別されずに評価される企業が増え，人材が流動化し，さまざまな働き方が許容されることによって，長期的に社会が変化していくことに期待したい。

注

1　30～34歳女性で就業率の68%に対して，潜在労働力率は83%程度。
2　中野（2015）
3　入山（2015）
4　女性管理職は課長級で7.9%，部長級では4.9%（厚生労働省，平成24年度）。
5　シップマン，ケイ（2015）
6　2016年1月末時点。

参考文献

入山章栄（2015），『ビジネススクールで学べない世界最先端の経営学』，日経BP社。
大沢真知子（2015），『なぜ女性は活躍できないのか』，東洋経済新報社。
シップマン，ケイ（2015），『なぜ女は男のように自信をもてないのか』（田坂苑子訳），CCCメディアハウス。
内閣府（2010），「男女の消費・貯蓄等の生活意識に関する調査」。
中野円佳（2014），『「育休世代」のジレンマ―女性活用はなぜ失敗するのか？』，光文社。
―――（2015），「いまなぜ営業女子がアツイのか　女性活躍目標を阻む特定部署の課題」，ハフィントンポスト，（2015年9月8日付）。
労働政策研究・研修機構（2015），「採用・配置・昇進とポジティブ・アクションに関する調査結果」『調査シリーズ』No.132。
Kanter, Rosabeth Moss (1977 ; 1993), *Men and Women of the Corporation*, Basic Books. （ロサベス・モス・カンター，『企業の中の男と女』（1995年），生産性出版）。

■第7章
男性に必要な変化
―次世代育成のために―

安藤　哲也

> 　昨今，イクメンプロジェクトなど，育児に積極的な男性を増やすための取り組みが進んでいる。しかし，男性による育児はまだまだ一般的ではないのが実情であり，社会に普及していく余地がある。「女性活躍」と「男性の育児参画」はセットである。「出生率1.8」，「介護離職ゼロ」を達成するためにも，男性中心の組織文化や働き方を抜本的に変えていく必要がある。本章では「父親の役割」と「イクボス」の必要性について述べる。「イクボス」は，多様な働き方を応援し，リーダーとして組織の生産性を高めようと力を尽くせる上司のことである。イクボスが増えれば，社会が変わると考える。

1．子どもが生まれたら，父親の意識（OS）を入れ替える

　最近は育児に積極的な男性が増えている。世の中の大きな変化を実感する。「イクメン」という言葉も定着し，自宅で赤ちゃんのケアをしている父親は多いと思われるが，父親も育児をするようになればいろいろなことで悩む。父親が育児に悩んだり，ぎこちないのは決して能力の問題ではなく，おそらく私たちの意識をはじめ，社会全体がまだ古典的な男女役割分担意識に囚われていることが1つの理由である。

　つまり「外で働き，家族を養うこと」が父親の役割で，「育児は母親がやるもの」と思い込んでいる人はまだ少なからずいる。しかし，産後に必要なのはまずこの意識改革である。私自身も20代の頃は好きな仕事に没頭していた。しかし娘が生まれた際，「育児は義務ではなく，人生を楽しむ権利である」と発想を転換した。子どものいる人生を目一杯楽しむためには，まず「仕事は男性，家事育児は女性が行うもの」といった古い価値観を捨てることが重要である。意識改革，つまり自分の中のOS（オペレーティング・システム）を入れ替える必要がある。OSが入れ替わると，男性も「仕事だけ」の生活から脱却でき

る。私個人のケースでは、上述のように育児に対する発想の転換をした結果、なるべく早く帰宅し、土日も育児や家事そして妻と協業できた。

ファザーリング・ジャパンの父親セミナーに参加する乳幼児の父親達の多くは、平日は仕事で帰宅が遅くなる「週末だけの父親」になってしまいがちである。こうしたケースでは、家事・育児の時間を確保することは困難である。6歳未満の子のいる男性の家事・育児時間に関する統計を見ると、日本における男性の育児・家事の合計時間は諸外国と比べても短い（**図表7－1**）。

子どもと良好な関係を築きたいと考えるのであれば、毎日継続的に子どもと接することが肝心である。仕事漬けの男性も、育休を取得し育児をする男性の姿を知ることで、OSが入れ替わることがある。そのために、「両親学級」、「父親セミナー」を受ける価値がある。

また、仕事で多忙な父親のやるべきこととして「パートナーを支える」ことがある。これは家事を分担するという物理的な面のことだけではなく、日々、大変な子育てや家事をしてくれている妻に感謝し、ねぎらいの言葉をかけるといった精神的なケアである。例えば、深夜に帰宅した時、妻がまだ起きていれ

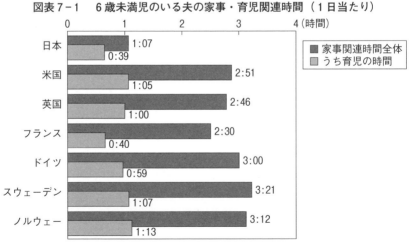

図表7－1　6歳未満児のいる夫の家事・育児関連時間（1日当たり）

（備考）1．Eurostat "How Europeans Spend Their Time Everyday Life of Women and men"（2004）.Bureau of Labor Statistics of the U.S. "American Time Use Survey"（2011）及び総務省「社会生活基本調査」（平成23年）より作成。
　　　　2．日本の数値は、「夫婦と子どもの世帯」に限定した夫の「家事」、「介護・看護」、「育児」及び「買い物」の合計時間である。
（出所）　内閣府（2013）男女共同参画白書　平成25年度版。

ば話を聞くことが望ましい。1日中，乳幼児と一緒に過ごし家事に追われて疲労困憊していても夫の帰宅を待っているのは，妻が子育ての感動や子どもの成長を分かちあいたいと考えているからかもしれない。妻の言葉に耳を傾けることは重要なことである。

夫がそれをきちんと受け止めることで，妻は自分自身が「認めてもらえた」と満足して，安心して就寝できる。そして翌朝，笑顔で子どもに接することができるのである。その母親の笑顔こそが子どもの情緒を安定させ，健やかな精神を育む。つまり，パートナーを支えることがいわば「間接的な育児」になっていると言える。父親たちは，こうした視点を持つべきである。妻が必要としているものは夫からの「受容」，「共感」，「賞賛」なのである。普段多くの育児を担ってくれているパートナーに感謝し，精神的に支えることで夫婦の絆も強まり，妻は楽しく育児ができる。

現在，子育て家庭をとりまく多くの問題は，「産後の問題」が起因するといっても過言ではない。出産期の父親（男性）への指導や応援こそが，最大の母親支援・子育て支援になる。そのためには男性本人の意識だけでなく，父親にとって子育てがしやすい環境について，働き方を含め社会全体がもっとそのあり方を見直さなければならない。言い換えれば，個人だけでなく「社会全体のOS」を入れ替える必要がある。

それがかない，育児に積極的に関われる父親が増えれば，日本の子育てや働き方は大きく変わるであろう。笑っている父親こそが，夫婦のパートナーシップや子どもの自尊心を育み，家族とともに成長し，仕事でもいい成果を残すのである。周囲に流されることなく，信念を持ってワーク・ライフ・バランスを実践し，父親であることを楽しむ生き方を獲得できる男性が，これからの時代をつくる男性である。

2．育児休暇（育休）を取得した男性にみられる変化

本節では，日本の男性の育休の実情について確認したい。「イクメン」は増えたが，育休の取得状況をみると，平成26年度の男性育休取得率は2.3％である。国の目標値である「平成32年で13％」からほど遠い。日本はここ10年で育児・介護休業法や雇用保険法を改正し，男性が育休を取得しやすい環境作りをしてきたが，現実問題として2％程度と低水準であるのは，男性の意識や働き方が

構造的に変化していないことを表している。

しかし，こうした育休取得率の数字は育児のための休暇について過少に評価されている可能性がある。育児のための休暇に，必ずしも育休が利用されているわけではないことに留意が必要である。言い換えれば，「育休制度」を利用せずに，他の休暇制度（配偶者出産休暇や有給休暇）を利用して，妻の産前産後に休暇を取得するケースが存在している。実際，平成22年，27年の2度にわたって調査したところ，46％の男性がこれらの休暇を活用していた[注1]。

さらに，国や自治体，各企業で男性向けに「育休を取ってみたいか」というアンケート調査を行うと，結果はどれをみても30％以上の男性が常に「はい」と答えている（図表7-2）。しかし，実績値は上述の通り2％程度となっている。この理想と現実のギャップはどこから生まれているのであろうか。おそらく「育休を取得できる環境があるのなら取得したいが，自分の会社では無理」という人が多いのではないだろうか。逆に「会社には制度があるにも関わらず，女性と比べると男性の利用が少ない」ことに問題意識を持つ人事担当者もいる。取得した際の給与保障が薄いという制度上の問題もあるが，仕事を休むことに罪悪感を抱いてしまう日本人の場合は「職場に迷惑がかかる」，「自分がいないと会社が回らない」と勝手に思い込んでいたり，「キャリアに傷がつく」，「戻ったら仕事がなくなっているのでは」といった不安感を強く抱いてしまう。このあたりに取得率が上がらない大きな原因があると言える。

このように父親の育休取得を促すための法律は改正されてきたが，法律だけで男性の育休取得率は改善するのだろうか。先にも述べたように，有給休暇の

図表7-2　男性の育休への興味について
男性の育休への興味は？

厚労省「雇用均等基本調査」平成23年	電通ジセダイ委員会「パパ男子調査」09年	日本生産性本部「2013年新入社員秋の意識調査」
男性の育休取得希望者数	現役父親の育休希望者	男性新入社員「子どもができたら育休希望」
約3割	5割	7割

（出所）　ファザーリング・ジャパン作成。

消化率すら50％を切るような日本の職場環境で、男性が育休取得を口に出すことは容易ではない。制度よりも「風土」（職場の空気）を変えるべきなのである。しかし、このことはもはや、社員1人のプライベートな問題ではなく、もっと広い視点でみるべきである。男性の育児参画を促すことは会社にとってどんなメリットがあるのか。ワーク・ライフ・バランス（仕事と生活の調和）の推進によって職場環境や労働者のメンタルヘルス（身体的健康も）はどのように変わっていくのかについて、労使とも真剣に考えるべきである。また、いまだに「男性は仕事、女性は家事育児」という男女役割分業意識が色濃く残る日本社会において、男性が育児に専念しようとするには何が必要なのか。そのあたりを一人ひとりがどうとらえ、考えて行動するのかが、今問われている。

男性の育児休業を定着させるのは難しく、もはや「自助努力」では効果は期待できない。いっそ個人の所得とキャリアをある程度保証した上で、きちんと「義務化」した方がいい。

育休の取得期間も1～3日ではなく、最低でも1ヵ月は必要である。なぜなら子どもの発熱などいろいろなハプニングが一巡しないと子育ての本当の大変さがわからないからである。それを経験しないと「パパ力（ぢから）」はアップしない。例えば、妻の産後8週間以内に1ヵ月の育休を取得することが特に推奨できる。母親が産後の状態で体に負担がかかっている中で、育児のサポートを行うことは夫婦の絆を深め、最近増加している里帰り出産後に離婚するケースを回避し、子どもとの愛着も形成され、その後の家庭生活や育児がスムーズに行く。それに男性も料理や洗濯などの家事も覚えるので一石二鳥である。

ファザーリング・ジャパンでは、産後に育休を取ったパパに経済支援等をする「さんきゅーパパプロジェクト」（2011年3月まで）を実施し、50名の男性に経済支援を行った。所得補償を行うことで、育休取得を促進させるとの考えである。同時に、エピソードベースにはとどまるものの、育休を取得した男性の後日談では、意識と育児における子どもとの関係性、そして育児スキルやビジネススキルの向上がみられた（**図表7-3**）。

大手電機メーカーに勤務し、育休を取得したある父親の声を紹介する。

「育児休職の取得を決めたのは、夫婦で育児を経験して共感する機会にしたいとの思いからです。実際に子どもが生まれたら育児せざるを得ないため、日々修行の毎日で、自分自身にとっても、家族にとっても、とても大切な時間

図表7-3　育休ライフの価値

育児やビジネススキル向上	ビジネスでは体験できないこと
▶パートナーへの感謝 ▶子どもに対する愛情の深まり ▶父親としての責任感の強まり ▶家事スキルの向上 ▶リスク管理能力の向上 ▶作業の同時遂行能力の向上 ▶ストレス耐性の向上	○平日昼間は女性と高齢者しかいない違和感 ○子育て施設等のパパの孤独感 ○社会との断絶感 ○大人と会話したい渇望感 ○仕事したい衝動 ○社会問題への関心の高まり ○未来志向や長期的視点

（出所）ファザーリング・ジャパン（2014）より。

でした。現在わが家では，妻が育児短時間勤務を利用して娘の朝ごはん，送り迎え，夕ご飯まで面倒をみてくれています。母乳で育ててきたこともあり，2年間妻に寝かし付けを頼りっぱなしでした。卒乳を機会に私が寝かし付けを担当していますが，時間の自由がきかなくなったり，ちょっとしたことにストレスを感じたりもします。実際にやってみないと判らないものですね……ちょっと反省です。

　このような育児をする中で，ワーク・ライフ・バランスという言葉が浮かびました。以前の生活では，互いにシェアしながら家事も問題なくこなせていましたが，育児が入るとそういうわけにはいきません。1人が子どもの相手をして1人が家事をするという形態にせざるを得ないため，何ごとにつけても今まで以上に時間がかかり自分たちの時間が取れないのが現状です。2人の余暇は限りなく"0"に近い状況です。お互いのワーク・ライフ・バランスを維持するには，育児に関わらずパートナーといろいろなことを話し合って，家庭内で折り合いを付けていくことが大切だと改めて感じました。育児にも家事にも興味を持ってきたので，家事を一緒にしながら，楽しく過ごしてくれるようになる日を心待ちにしながら，いい解決法を模索中。少しずついろいろなことに気づきながら，家庭を成長させています。」

　この男性は職場（部署）で初めての育休取得者だったそうである。男性にとって，育休を取得することによる発見は多くあると考えられる。「日々修行の毎日で，自分自身にとっても，家族にとっても，とても大切な時間でした」というコメントは，かけがえのない体験をした人の実感であろう。うまくいった要因は，お互い時間的余裕がない中でも，男性が妻ときちんと向き合ったこ

とのようである。パートナーとさまざまなことを話し合って，その場，その場で，家庭内で折り合いを付けていくことが大切である。それが経験からの学習にもなり，夫婦の絆を確かめ合い，子育てを共に行う者同士の連帯感につながっていくのである。

この男性に「これから子どもが生まれる男性（同僚）に伝えたいことは何か」と尋ねたところ，このような回答であった。「育児は，オムツ換え，入浴だけではなく，家事がつきものです。想像以上に忙しく，炊事，洗濯，掃除，どんなことでも良いのでパートナーの負担を軽減する能力を身につけておくことをお勧めします。家事そのものが難しくても，パートナーが家事をしている間に，あやす，寝かしつけるだけでも，育児のストレスが減り，かなり助かると思います。私が仕事と育児を両立できるのは，妻のおかげです。育児には，周囲の理解と協力が欠かせません。パートナーはもちろん，職場の上司・同僚などに自分の（育児に関する）考えをしっかり伝え，少しずつ準備を進めることで，充実した育児生活を過ごせるのではないかと思います。」

育児には全ての家事が伴う。家族のチームワークである。自分のペースで子どもと遊んだり，風呂に入れることが育児だと思っている男性は多いが，家事も「苦手だ」と逃げずに毎日取り組むことが大事なのである。育児・家事は特別な科目（時間割でいう図工や家庭科などの専科）ではなく，毎日の生活そのもの，つまり「国語」なのである。幼い命を預かる責任感も，週末だけでは「父親＝保護者」とは呼ぶことはできないと考える。

育児休業の取得は大きなチャンスである。子育てを行う男性は当事者意識を持って，是非取得してほしい。そして自分の家庭や子育てをどうしたいのかを各自が考えるべきである。そうすれば以前とは違う，新しい「幸福の物差し」がみえてくる可能性がある。そして職場で男性育休取得者を増やし，そのロールモデルとなるように先輩から後輩に育休取得の意義を伝えていくことは，社会にとっても重要なことであろう。

3．男性社員の育休取得が増えることによる企業側のメリット

(1) 男性社員自身に生じる変化と生産性の向上

子育て中の父親や母親が，イキイキと働きながら育児もするためには，職場

のあり方や働き方の面でまださまざまな課題がある。ファザーリング・ジャパンの400名の父親会員は，職種や立場も多様であるので，一概に「理想の働き方」を定義することはできない。しかし，彼らはみんな，それぞれが置かれた環境・状況の中で，自分と家族が幸せになるワークスタイルや，満足できるライフスタイルをみつけていこうと常に試行錯誤している。

　これまでは，仕事に打ち込みプライベートを犠牲にすることを厭わず，子育てを言い訳にパフォーマンスを低下させない働き方か，家庭を重視し一定期間ある程度収入やパフォーマンスが低下しても問題ないと考える働き方の2つがパターンだった。前者は主に父親，後者は母親がその役割を担ってきた。この「仕事か家庭か」という二者択一のキャリア観はいまだに根強く残ってはいるが，現在の状況下で働き方をこの2つに絞るのには適切ではない。つまり，「仕事か育児か」ではなく，「仕事も育児も」精一杯やって楽しむやり方があってもいい。

　仕事だけでなく，家事・育児，すなわち「パートナー」，「子ども」としっかり向き合う生き方・働き方をしたい男性は確実に増えている。そして育児に関与した男性は家庭への貢献だけではなく，ビジネススキルを向上させ，おのずと働き方も改まり，生産性が上がって会社にも貢献する。つまり企業にとっても有益なプラスの人材になっていくのである。

　育休はその最たるものである。経験者は共感されることと思うが，育児は，休んでいる暇なしの「修業」である。育休を取得した男性は「妻の大変さがわかった」と必ず言う。また，家事育児を一手に引き受けると「段取り力」や「マルチタスク能力」が増進する。さらに物言わぬ乳児とずっと一緒にいることは，「聴くチカラ・伝えるチカラ」といったコミュニケーション能力を鍛え，復帰後の営業力アップに寄与するようだ。育休は男性にとって「父親になるトレーニング期間」であると同時に，企業人としても視野を広げ能力を高めることができる「家庭内留学」のようなものであり，そうとらえると育休を取得することはネガティブにとらえられることではなく，個人にとっても企業にとってもプラス効果があると考えている。

　また男性の育休取得は，女性が抱える「マミートラック」（子どもを持つ女性の働き方の1つで，仕事と子育ての両立はできるものの，昇進・昇格とは縁遠いキャリアコースのこと）を理解しつつ，「妻のキャリアを応援しよう」というサポート意識が強まる。そして職場に目を転ずれば，自社にいる同様の母

親になった女性スタッフも応援することができるようになる。これはまさに女性が活躍する時代に求められる「管理職のマネジメント能力」なのである。さらに子どもの幼少期は病気やケガも多いと考えられるが，子どもの健康や安全を考え，予防したりすることは，企業の「リスクマネジメント力」としても活きてくる。

　さらに，育児によって「誰かの為に生きている」という「自己有用感」が高まり，人間としての器が大きくなる。実際，育休から職場に復帰した人の顔つきは変わる。これは女性も男性も同じである。親になったことで誠実さや責任感が強まり，顧客や取引先からの人望も増す。また子どもを保育園に預けていると時間を気にして働くようになるので，効率が良くなり業務の生産性が高まるのである。

(2) 育休の取り組みが進んでいる企業がメリットを享受

　育休の取り組みを進めている具体的な企業として，例えば日本生命株式会社では，「男性の取得を増やすことは，男性だけのメリットではなく，職場全体の働き方の見直しにつながる」と言っている。具体的には下記のような副次的な効果もあるそうである。

- 日常的な引継ぎ体制の構築は，人に蓄積されやすい情報やノウハウを会社に蓄積でき，組織力強化につながる。
- 引継ぎに際して他の視点が入り，業務の見直しが進む。
- 引継ぎは人材育成につながる。
- 仕事の共有化・見える化は組織のマルチタスク化を可能にでき，柔軟性のある組織運営が図れる。
- 分担しやすい職場作り，相互理解の風土ができる。
- 管理職も取得すれば両立の苦労を理解し，結果，人材育成・女性活躍促進につながる。

　そう，「ダイバーシティ」は当初，「女性の活躍」と同意語で語られていた節があったが，こうして男性育休取得を増やしている企業では「男性の働き方を変えること」が，女性活躍のみならず真のダイバーシティに向かう道筋で，多様性を重んじ活かす経営に繋がると考えているのである。

　一方，子どもができたにも関わらず仕事中心の生活を続け，家庭を省みない場合は，私が知る多くのケースについて，家族間でトラブルを抱えてしまい，

会社業務でのミスが多くなったり，気持ちのイライラが社内に伝播してムードを悪くしてチームの士気を下げてしまう。人間はロボットではないのだから，「家庭は家庭，仕事は仕事」と簡単に割り切れない。そもそも家庭と仕事は，どちらかを犠牲にしてもう片方がうまくいくというトレードオフの関係でもないであろう。家庭で心配事を抱えていると仕事のアウトプットにも影響が出るといった表裏一体の関係なので，仕事で成果を出したい場合には，家庭のことも同時に考えていかなくてはならない。この意味で，仕事に集中し意欲的に働くためには，父親はまず家庭での役割を果たし，家庭の問題を極力生まないことが重要なのである。

職場におけるワーク・ライフ・バランスの定着が，フィジカルおよびメンタルヘルスの改善につながれば，健康的な社員が増える。働く意欲も高まって，生産性も向上し，結果，会社に利益をもたらす。

4．男性の働き方改革—ワーク・ハードからワーク・スマートへ

(1) 働き方を変えることと組織の意識変革の必要性

男性の育児参加のために必要なことは本人の意識改革と同時に「環境の整備」が欠かせない。まず，他国と比べて日本の労働者の働き方は，一律で多様性がないとの批判がある。その根本原因，「就活」と言われる一括採用のシステムや，「終身雇用制」の雇用・就労形態が大きく影響しているのではないだろうか。40〜50代の上司世代の意識・価値観も大きく影響している。彼らは中高生時代に「家庭科教育」を受けておらず（「技術家庭」科目が男女共修になったのは日本では公立中学で平成5年から），生育した家庭のモデルもあって男女の役割意識が固定化されている。また，高度成長期に結婚した自分の家庭におけるパートナーは専業主婦だったこと，そしてその反動でもある長時間労働を是とする滅私奉公的な仕事のやり方が多くの男性の身についてしまっている。さらに，過去の好景気時代の成功体験が原体験としてあるため，現在の時短勤務や男性の育休，ワーク・ライフ・バランスを重視する若手部下のマインドをなかなか理解できないことがよく聞かれる。そうした社員のことを「意欲がない」とみて，評価を下げてしまうといった弊害が見て取れる。

こうしたケースは，今，大企業を中心に行っている「ダイバーシティ推進」

のブレーキになってしまう。男性の育児参加が見込めず，子どもがいる女性はキャリアが断絶され，また社会全体が今後対応していかなくてはならない，来るべき介護時代にも対応できないであろう。

「出生率1.8」，「介護離職ゼロ」を達成するためにも，男性中心の組織文化や働き方を抜本的に変えていく必要がある。日本企業が抱える大きな課題は2つあると考える。1つは「長時間労働」である。かつては「ハードワークをすること」への評価は高い時期が存在したが，実態は単なる「ステイ・ロング」，つまり，ただただ残業をしている人々も多いことがわかっている。それが一部，「立派な残業」としてみなされ評価されてきた。これでは不健康であるばかりか，多様な働き方につながることは難しい。また，男性の長時間労働は，家事・育児時間が増加しないことにつながり，結果として夫婦の離婚や子育てに関する諸問題につながってきたと考えられる。こうした問題はもちろん父親自身が悪いわけでなく，家に帰らず，働く男性を高評価してしまう企業・社会の仕組み自体が問題といえる。現在では，こうした企業・社会構造を変える時期にあると考える。大企業や役所では結婚・出産で離職する女性は減り，産育休を取得した女性のほぼ全員が職場に復帰している。復帰後はそのほとんどが1～3年間は子育てのために「時短勤務制度」を利用する。女性割合の多い職場では常にチーム内に一定の割合で時短勤務者がいるという状態になる。育児休暇と時短制度は母親である女性が利用することが多く，パートナーである男性は育児期でも働き方に変化をつけづらく，またそれが長時間労働や休暇を取りづらい原因にとなり，女性たちはますます家庭と仕事の両立が困難になり，マミートラックを行ってしまい，仕事（キャリア）に対する意欲が減退していくケースが多い。人口減少が加速し，ますます生産者たる労働人口が減っていく中で，これでは日本経済は立ち行かない。

ではどうすればよいのか。さまざまなアプローチが考えられるが，まずは私たち一人ひとりが「働き方を変える」ことが重要である。「ワーク・ハード」から「ワーク・スマート」への転換である。つまり，短い時間で高い価値を生み出す，生産性の高さを重視するコストパフォーマンスの良い働き方をまずは身につけることである。これは個人にとってもスキルアップにつながるという点で意味があり，組織にとってもメリットがある。しかし，こうした改革は，組織や社会全体で取り組まなければ個人の力で変えることは難しいと多くの男性は思っている。

だから，組織自体が同じような問題意識を持つことが重要である。今，企業がまず取り組むべきは，長時間労働の慢性化や休みが取得しにくいという職場を変えることである。しかし，こうした長時間の残業を生み出す労働環境を変えていくに当たって，例えば「ノー残業デー」を設けるといった方策は十分な対策とは言えない。肝心なのは，長時間労働につながるような多くの原因を取り除くことである。「利益のみを重視する結果による従業員のキャパシティを超えた仕事の過度な受注」などを止める必要がある。「休日返上の過剰サービス」を止めることは，社員の従業員満足度や健康度を上がるだけでなく，会社へのロイヤルティを上げ，働く意欲を高める。また，「業務の属人化」，すなわち業務がほかの人々に共有されにくい状況もなくなれば，適切な人材配置，仕事の配分，業務の見える化・共有化が進み，会社は，チームとして担当者が不在の際に，ほかの人々が当該仕事をフォローできるという仕組みに変わっていくであろう。こうした仕組みが定着すると，子どもの病気や各種事情で「社員の誰もが休みやすい状況」が生まれるのである。

　加えて社員の評価も変える必要がある。ワーク・ハードして休みを取らず長時間働いた人だけを評価するのではなく，短い時間でも生産性を上げていたり，見えづらいがバックヤードの整備などで業務推進に貢献した人，社員のマインドアップをした人をためらわず評価することが重要である。そうすれば社内に蔓延する不平等感や妬みといった「負の感情」は払拭していくであろう。

(2) 働く環境の改善を進めていくことの重要性

　ファザーリング・ジャパンの50代の理事の１人が代表取締役を務める，ある大手企業系列の子会社では，彼が社長に就く前は残業当たり前の，休みが取りづらい不健康な会社だったのが，２年で激変した。誰もが効率よく仕事をし，できるだけ残業をしない，「休むことはプラスなのだ」という考えがスタンダードになり，従業員満足度や健康度がアップし，それとともに業績も上がり，低迷していた会社の業績は業界トップに躍り出たというのである。

　彼が就任して間もなく「ワーク・ライフ・バランス」を導入してから，社内はしばらく混乱が続いたそうだ。しかし彼は粘り強く会話や説得を重ね，ときにはセミナーを社内開催した。また，社長として「うちの会社を業界内で日本一働きやすい会社にする！」という理念のもとで改革を続け，社員もそれを納得して，皆が「ワーク・スマート」な働き方を身につけることができたそうだ。

子どもがいる女性社員も，子育てしたい男性社員も，独身の社員もライフが充実し，だからこそ仕事に取り組む意欲が増し，それが好調な業績を出すという好循環を生んだ。

　こうした実践例をみても，「長時間労働」とそれを生み出す「業務の属人化」が，働きやすい労働環境を阻害している大きな要因となっている。そして「滅私奉公」を良しとする旧世代の価値観や，「過剰サービス」を「おもてなし」と勘違いしている日本人の精神風土があると思われる。しかし，育児や介護で時間制約ある社員が増え，職場が多様化した時代では，それは必ずしも美徳ではないし生産性に寄与しない。フルコミットできる「無制約社員」の男性ばかりだった職場が多様化してしまったのだから，企業はそろそろそれに見合った「働き方」と「評価制度」を本気で変えなくてはならない。

　つまり，スポーツに例えるならば，延長戦が前提の「野球型」から，45分ハーフおよびロスタイム（せいぜい5分）で決着をつける「サッカー型」に変える必要があるのである。考え方の変革を図り，短時間で成果を出す働き方を教えて身につけて，そういう社員を会社は評価して，皆で生産性を上が利益を出して早く帰ることが重要である。早く帰宅することは，仕事で深夜まで残業することに比べると健康にも良いと思われるし，家庭で過ごす時間がより長くなることにもつながる。また，長期的な目でみれば，過酷な労働環境における過労死や仕事中心の生活が原因で起こる離婚等の発生を緩和させることにもつながると考える。こうした取り組みが社会全体にとってもよい状態をキープする「最適化」に向かっていく。

　さらに改革を進めるのならば，法制度の整備や就職のあり方を見直す必要があると思う。まず欧州が持っているような「インターバル休暇」や「閉店法」を導入が考えられる。それをもって，国民の働き過ぎの防止や，家庭福祉の問題解決に目を向けるべきであろう。時代にそぐわない男女役割分担，家庭内の男女不平等が離婚を増加させ，ひとり親家庭における貧困・格差を生み出す。この構造を変えないと，児童への虐待が多発したり，家庭で育てられなくなった子どもたちを保護・養育する社会的養護の予算が無尽蔵に増えてしまう。また，働き過ぎによる病気や過労うつが医療費を増大させていることなど，弊害は多岐にわたる。そうした社会コスト（国家予算）を知らず知らずに増やしている根本原因にそろそろ気づいて改善していくべきである。そのためには，国はまずそれを予防する労働や営業時間の規制をかける法整備が必要なのであろ

う。
　そして学卒者の就職形態についても，少子化になるのだから，かつての採用効率がよい「一括採用システム」や，競争原理による人財育成に向いていた「メンバーシップ制型雇用」をそろそろ改めてはどうであろうか。欧米のように専門職を中心に雇用する「ジョブ型」を採用する。それに伴い，「ワークシェアリング」や，最近国会でも議論になっている「同一労働同一賃金」の導入が望まれる。問題を先送りにすれば，問題を複雑化させていくことになり，後世にツケを回すことになるのである。さらなる本質的な議論と改革に期待したい。

5．イクボスが増えれば，働き方が変わり，社会が変わる

　企業や社会の風土を変えるにはどうするか。ワーク・ライフ・バランスや男女共同参画の講演後のアンケートでは，「自分が仕事が終わっても帰宅できる雰囲気ではない」，「育児休暇を取得するどころか，子どものことで年次有給休暇すら取りにくい」，「管理職世代の意識を変えて欲しい」，「うちの頭の堅い上司をなんとかしてくれ」という声が非常に多い。こうしたアンケート結果をみると，「定時退社」や「育休取得」などが職場で取りづらいという雰囲気は依然として存在しているという印象を受ける。その理由一つひとつを掘り下げてみえてくるのは，40～60代の経営者や管理職たちの意識や古い価値観であろう。
　一方，政府が成長戦略として掲げる「女性活躍」や「出生率の上昇」もなかなか進まない。さまざまな原因が考えられるが，多くの企業でみられる「男性の長時間労働・休暇が取得しにくい環境」が当たり前であることが，大きな原因の1つである。核家族で子どものいる女性社員は，過度な残業や休日出勤は無理である。しかし，その配偶者たる男性社員が家庭で機能すれば，どれだけ働く母親たちは楽になることであろう。そう，「女性活躍」と「男性の育児参画」，この2つはセットなのである。そのことを企業のボスたち（経営者・管理職層）は理解しているのであろうか。
　だから私たちは満を持して，「イクボス」の育成を始めたのである。「イクボス」とは，職場で共に働く部下・スタッフのワーク・ライフ・バランス（仕事と生活の両立）を考え，その人のキャリアと人生を応援しながら人材を育成し，それによって組織の業績も結果を出し，また，自らも仕事と私生活を楽しむこ

とができる上司（経営者・管理職）のことを指す（男性管理職に限らず女性管理職も含まれる）。

「イクボス」像をわかりやすく説明すると，子育てや介護をしながら働く部下の状況を正しく把握し，状況に応じてフォローできる上司である。例えば，職場で女性のスタッフから妊娠を告げられた時，「おめでとう」と言わずに「困ったなあ」などと言ってしまうのは論外である。あるいは，部下の子どもが保育園で熱を出したと聞いた場合，スタッフを再配置して難局を乗り切り，部下には「こっちは大丈夫だから，安心して迎えに行ってあげて」と言うことができないといけない。「もう帰るのか。これでは戦力にならないじゃないか」などと言ってしまうのはボス失格である。

また，部下に育児や介護がある場合は，そのことに配慮して，業務の時間的効率を高めるスキルも「イクボス」には求められる。夕方や夜からの会議はもちろんあり得ず，打合せや管理業務で部下の時間を余計に奪わない配慮も必要である。「男は遅くまで働いて当然」，「休日出勤も文句を言うべからず」，「単身赴任は断る余地のない命令だ」。そんな価値観をもって組織を統率するリーダーの下では，いくら一人ひとりの父親が「家事や育児も頑張りたい」と思っても空回りするばかりである。それどころか，上司から「意欲のない部下」というレッテルを張られ，職場で居場所を失いかけているイクメンたちを何人もみてきた。育児は妻に任せっきりで仕事に没頭してきた50代の管理職たちの意識こそが，「夫婦で一緒に子育てしたい」という若い世代の大きな壁になっていると明確にわかった。

ファザーリング・ジャパンでは『イクボス10カ条』という，イクボスの心得を作成した。育児家事をやる必要がなかった世代の管理職に「やってないから分からない」ではなく，「分からないなら勉強してもらって実践してもらおう」と考えた。『イクボス10カ条』とは**図表7-4**のようなものである。

図表7-4の『10カ条』の過半を満たしている管理職のことを私たちは「イクボス」と呼んでいる。

また，ファザーリング・ジャパンでは「イクボス企業同盟」を結成し，ダイバーシティの推進に熱心な企業を巻き込んで管理職研修などを行っている。イクボスの必要性を認識し，積極的に自社の管理職の意識改革を促し，新しい時

図表 7-4 『イクボス10ヵ条』

(1) 理解：現代の子育て事情を理解し、部下がライフ（育児）に時間を割くことに、理解を示していること。
(2) ダイバーシティ：ライフに時間を割いている部下を、差別（冷遇）せず、ダイバーシティな経営をしていること。
(3) 知識：ライフのための社内制度（育休制度など）や法律（労働基準法など）を、知っていること。
(4) 組織浸透：管轄している組織（例えば部長なら部）全体に、ライフを軽視せず積極的に時間を割くことを推奨し広めていること。
(5) 配慮：家族を伴う転勤や単身赴任など、部下のライフに「大きく」影響を及ぼす人事については、最大限の配慮をしていること。
(6) 業務：育休取得者などが出ても、組織内の業務が滞りなく進むために、組織内の情報共有作り、チームワークの醸成、モバイルやクラウド化など、可能な手段を講じていること。
(7) 時間捻出：部下がライフの時間を取りやすいよう、会議の削減、書類の削減、意思決定の迅速化、裁量型体制などを進めていること。
(8) 提言：ボスからみた上司や人事部などに対し、部下のライフを重視した経営をするよう、提言していること。
(9) 有言実行：イクボスのいる組織や企業は、業績も向上するということを実証し、社会に広める努力をしていること。
(10) 隗より始めよ：ボス自らワーク・ライフ・バランスを重視し、人生を楽しんでいること。

代の理想の上司（イクボス）を育てていこうとする企業のネットワークである（平成27年12月末現在で46社が加盟）。セミナーでは、「イクボスがいまなぜ必要なのか」、「部下のやる気を引き出すイクボスの実践的マネジメント法」等を

図表 7-5　イクボス企業同盟加盟社　46社

- ㈱みずほフィナンシャルグループ
- 全日本空輸㈱
- コクヨ㈱
- グラクソ・スミスクライン㈱
- ㈱日立ソリューションズ
- UBS
- 東京急行電鉄㈱
- サイボウズ㈱
- 日本生命保険相互会社
- 富士ゼロックス㈱
- トヨタファイナンス㈱
- ソニー㈱
- 花王㈱
- 北部銀行
- 東京海上日動火災保険
- ㈱資生堂
- 損保ジャパン日本興亜ホールディングス㈱
- ㈱三井住友銀行
- 日本たばこ産業㈱
- AIG ジャパン・ホールディングス㈱
- イオン㈱
- ㈱ダイエー
- 帝人㈱
- アサヒビール㈱
- 第一生命保険㈱
- PwC Japan
- チューリッヒ保険会社
- オムロン㈱
- ㈱山陽マルナカ
- ㈱千葉銀行
- イオンアグリ創造㈱
- ミニストップ㈱
- あいおいニッセイ同和損害保険
- アスクル㈱
- サトーホールディングス㈱
- 明治安田生命保険相互会社
- 大塚製薬㈱
- ㈱朝日新聞社
- 住友生命保険相互会社
- ㈱中国銀行
- 清水建設㈱
- ㈱東邦銀行
- 大東建物管理㈱
- ㈱NTTビジネスアソシエ西日本
- ㈱ブランシェス
- マックスバリュ九州㈱

（注）　2015年12月末現在。https://www.facebook.com/ikuboss2

内容としており，また加盟企業だけが参加できる「イクボス他社交流会」では，業界を超えて管理職の悩みや解決法を共有している。

　「イクボス」は，多様な働き方を応援し，リーダーとして組織の生産性を高めようと力を尽くせる上司のことである。核家族化によって夫婦2人で協力しなければ子育てが成り立たない今の育児事情や，これから日本では少子化や団塊世代が老後を迎えて「大量介護社会」に突入しようとしている構造の中で，「社員の長時間労働に頼る」という働き方は通用しなくなることは明らかであろう。

家庭をあまり省みなかった男性たちの多くが，時代のニーズから「イクメン」になって子育て家庭が少し安定してきたように，仕事一筋だった管理職たちが「笑顔のイクボス」になれば，職場のワーク・ライフ・バランスは一気に進み，社会に変化を及ぼすと考える。
　イクボスが増えれば，社会が変わる。

注

1　ファザーリング・ジャパンによる平成22年と平成27年の独自調査。

参考文献

内閣府（2013），「男女共同参画白書　平成25年度版」。
ファザーリング・ジャパン（2014），「新しいパパの働き方」，学研マーケティング。

第8章（特別講演録）
待機児童問題だけじゃない！
女性活躍の大いなる壁

駒崎　弘樹

> 　女性の活躍推進を支援する上で取り組むべきは，待機児童問題だけではない。待機児童問題の先にある2つの課題，「病児保育」と「障害児保育」について紹介する。
> 　「病児保育」はニーズが高い。また，ひとり親支援として必要不可欠である。しかし，社会的な取り組みが遅れている。「病児保育」を普及させるためには「施設型」にこだわるのではなく，「訪問型」が有効である。施設にではなく，利用者に公的補助を行うことで，利用者の選択の自由やサービス向上のインセンティブが確保される。国が利用者主体の仕組みを推進することで，担い手が拡大する可能性が十分にある。
> 　「障害児保育」も社会的な取り組みが遅れている。特に，医療的デバイスを常に身につける必要がある子ども（医療的ケア児）は増加しているが，医療制度と福祉制度の狭間に位置して，対応する制度がない。障害児保育事業を開始したところ，医療的デバイスが必要なお子さんが，多様な刺激によって医療的デバイスを外すことができるようになったという例もある。子どもに障害があったとしても，その親が働き続けられる環境を作ることは非常に重要なことである。
> 　なお，2つの課題に共通して重要なのは「担い手」の確保である。「保育士」については，処遇改善が必要である。医療的ケアの担い手については，自宅以外の学校などでも訪問看護士が対応できるようにすることや研修などの方法で保育者やヘルパーなどが一定の役割を果たせるようにすることが必要となろう。

1．待機児童問題の先にある課題

　「女性の活躍推進」が成長戦略の1つに取り入れられ注目を浴びる中，待機児童問題は大きな課題として取り上げられ，内閣府の子ども・子育て会議でも最重要課題として取り組まれている。しかし，女性の活躍推進を支援する上で取り組まなければならないのは，待機児童問題だけではない。待機児童問題の先にある2つの課題として，病児保育と障害児保育について紹介する。これらは，5年後，10年後を見据えて今から解決に向けて取り組まなければならない

課題である。

2．病児保育

(1) 病児保育をとりまく現状

まず，病児保育をとりまく現状を紹介する。病児保育とは，子どもが体調不良の時に，親に代わって適切にケアと保育を行うことであり，子どもの成長過程を見守り，手助けをする伴走者を指す。幼い子どもは，病気にかかることで免疫を得て強くなっていく。つまり，子どもが病気にかかることは当たり前のことである。しかし，現状，保育園では体温が37.5度以上の子どもを預かることができないため，子どもが体調不良の際には，親が会社を休んで看病を行うケースが多い。

病児保育のニーズは非常に高い。例えば，マクロミルが2002年にワーキングマザーを対象に行った調査では，調査対象者の72％が仕事と育児の両立で最も悩むこととして，病児の対応を挙げている。日本病児保育協会が小学校就学前の子どもを持つ共働きの父母を対象に行った調査では，全体の62.7％が「子どもが病気の時は，母親が仕事を休んで看病を行う」と回答しており，病児保育の負担が母親に偏っている現状がある。実際，子どもの病気がきっかけで，女性が就業を継続することが困難になるケースは少なくない。

私が病児保育を事業として始めたのは，ベビーシッターの母親から，子どもの発熱・病気のせいで仕事を辞めざるを得ない親がいるということを聞いたのがきっかけである。病気の子どもを預けることができる仕組みがあれば，子どもが熱を出しても親が職を失わずに済み，子育てと仕事の両立が当たり前の社会になるのではないかという思いで，11年前に病児保育事業を始めた。

(2) なぜ「病児保育」は保育領域の中で最も社会的取り組みが遅れているのか

① 限界がある「施設型」

病児保育はニーズが高い問題にもかかわらず，保育領域の中で最も社会的な取り組みが遅れている。厚労省が20年くらい前から推進している病児保育は「施設型」である。既存の病児保育施設には，①保育所に併設している保育所

型，②小児科医院に併設している医療機関併設型，③単独で存在している単独型の3つのタイプがあり，病児保育の約7〜8割は，②の医療機関併設型で運営されている。しかし，小児科の数が限定されているため，病児保育施設を医療機関併設型で拡大させるには限界がある。

② 「施設型」運営の難しさ

現状の「施設型」の抱える問題は，経済的自立が困難なことである。病児保育は需要の予測が難しい。「施設型」でサービスを提供する場合，保育士や看護師の人件費に加え，家賃や事務経費などの固定費がかかる。施設運営に当たっては国からの補助金も出るが，必要経費に比べて補助金が少額である上，補助金を受けることで価格決定の自由が奪われる。すなわち「補助金のジレンマ」である。

結果として，事業者の新規参入を阻み，病児保育サービスの提供者が広がらないという問題を引き起こしている。病児保育対策に本気で取り組むためには，「施設型」にこだわるのではなく，「訪問型」などさまざまな手法を組み合わせながら社会インフラを作っていく必要がある。

(3) 「訪問型」への発想の転換
―日本初の病児保育事業の立ち上げと運営―

病児保育を巡る問題を解決するため，私は今までになかった「訪問型」，「共済型」の病児保育事業「NPO法人フローレンス」を立ち上げた（**図表8－1**）。そこで，補助金によらない民間の自立型ビジネスモデルを確立した。

① 「訪問型」の強み

この事業では，保育者が，子ども（0〜12歳が対象）が体調不良の時に子どもの自宅に訪問して保護者に代わってケアと保育を行う形で，「訪問型」の病児保育サービスを提供している。さらに，必要に応じて，保育者が地域のかかりつけ医に連れて行くサービスや，提携の医師による往診サービスを組み合わせることでサービスの安全性を担保している。往診サービスは，小さい子どもがいるために病院勤務が難しいが，4時間程度の往診であれば勤務が可能な女性医師と提携をすることで，導入することができた。施設を持たない「訪問型」だからこそ固定費を抑えられ，多くの人々を助けることができるように

図表8-1　NPO法人フローレンスの事業モデル

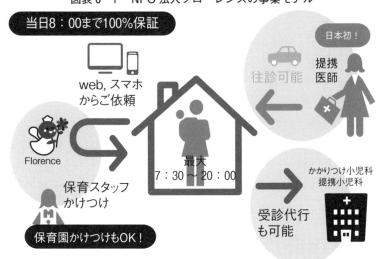

なった。

2005年に東京都の中央区と江東区で事業を開始したフローレンスは，現在は東京，千葉，神奈川，埼玉にまでエリアを拡大し，会員数5,000世帯，病児保育の対応件数が延べ3万8,000件を超え，日本最大の病児保育事業者となった。設立当初は病児保育，特に訪問型病児保育に対する認知度は非常に低かったが，我々の事業をモデルに少女漫画が描かれ，その漫画がテレビドラマ化されたことにより，全国で訪問型病児保育の認知度が高まった。

② 持続性を確保するスキーム

訪問型病児保育事業では，時間単位で料金を設定すると相当高額になってしまう問題があった。そこで，フローレンスでは自動車保険の仕組みを参考にして，安定的な収入を確保している。具体的には，発病率に応じた掛け捨ての月会費を徴収し，会員は，月々の掛け金を支払う代わりに，病児保育が必要になった際には，月に1回までは無料でサービスを利用することができる。月会費は利用頻度によって変わり，サービスの利用がなければ会費が下がる仕組みになっている。

(4) 病児保育に関するさらなる3つの問題と解決策

病児保育を巡るさらなる課題として，「保育士確保」，「訪問型病児保育の取り組み拡大」，「ひとり親支援」という3つの問題を紹介する。

① 保育士確保―処遇改善が必須―

私が始めた「訪問型」病児保育は，国が関与している事業ではないので，実際にサービスを提供する「保育者」は，保育士以外に幼稚園教諭や看護師，子育て経験者も勤務可能であり，対象者を広く採用することができる。しかし，都内の認可保育所は，保育士不足のあおりを受け，「保育者（この場合は保育士）」の確保に苦労している。

保育士資格は持っていても保育士として働きたくないという潜在保育士が増え，保育現場の保育士不足を招いている，という現状がある。保育士確保のためには，保育士の給与が全産業平均に比べて10万円以上も低いという処遇を改善することが必須で，補助額を引き上げて保育士の処遇を高める必要がある。

② 「訪問型」利用の拡大―利用者助成の有効性―

病児保育は，現状，「施設型」が推奨されており，「訪問型」の病児保育は国の政策に取り入れられていない。こうした中でも，渋谷区や足立区，千代田区は，先んじて訪問型病児保育の利用者を助成するバウチャー等の仕組みを取り入れ，訪問型病児保育を使いやすいようにしている。

運営主体への補助ではなく利用者を補助することの良い点は，利用者が事業者を選択することが可能な点である。利用者主体の仕組みの場合，事業者側にサービスを向上させるインセンティブが働く。国が病児保育政策として，この利用者主体の仕組みを行えば，さらに多くの訪問型の病児保育事業者が現れるだろう。例えば，数あるベビーシッター会社が，訪問型病児保育の担い手となる可能性は十分にある。こうした利用者補助の仕組みは，病児保育に限らず，多方面で広がるべきである。

やり方次第で病児保育の担い手が拡大する可能性が十分あるにも関わらず，実現ができないという，非常にもったいない状況にある。病児保育サービスを広げるためにも，政府は思考を停止させず，さまざまな手法を組み合わせながら社会インフラを整えていくべきである。

③ ひとり親支援としての側面―本来国が税金で対応すべきもの―

　病児保育の事業を進める中で，低所得のひとり親家庭の病児保育という，新たな問題に直面した。現在，ひとり親家庭の54％が貧困状態にある。こうした人々にとって，民間の病児保育サービスを利用するのは非常にハードルが高い。

　そのために私は，低所得のひとり親の方々が病児保育サービスを利用できるように，全く同じサービスを赤字で低価格で提供している。赤字が続くと事業が成り立たなくなるため，全国から寄付会員を募り，寄付金で赤字を補っている。こうした寄付の仕組みを使って，困っている貧困のひとり親家庭を数多く救いたいと考えている。

　しかし，そもそも子どもが病気でも職を失うわけにはいかないひとり親の方々にとって病児保育サービスは不可欠であり，国の税金で対応すべきとも考える。

　家庭の貧困は子どもの貧困に直結し，子どもの頃に背負うハンディは，大人になっても引き継がれる。幼少期の段階でギャップを埋めることが非常に重要であることを，政府はもっと認識すべきである。

3．障害児保育

(1) 障害児保育をとりまく現状

　次に，障害児保育をとりまく現状を紹介する。障害児保育とは，障害のある子どもに対する保育ケアのことを言う。障害の中でも，呼吸器や胃ろうといった医療的デバイスを常に身につける必要がある子どもは「医療的ケア児」と呼ばれている。

　私は医療的ケアが必要なお子さんの母親から，「子どもの預け先がなく，仕事を続けられない」とのメールを受け取ったのをきっかけに，医療的ケア児の預け先を調べた。すると，世界有数の大都市である東京で，医療的ケア児を長時間預かってくれる施設は，2012年当時1カ所もないことが分かった。

　これをきっかけに障害児の母親の就労状況を調べると，障害児の母親は，子どもの預け先がないために，仕事を続けることが難しい状況に置かれていた。大阪で行われた調査によれば，障害児の母親の常勤雇用率は，わずか5％であった。これは健常児の家庭と比べて，7分の1～8分の1という低い水準で

ある。医療的ケア児であれば、なおさら働くことは難しく、ほとんどの母親がフルタイムで働けない状況に置かれていた。

政府が「一億総活躍社会」や「女性が働き続けられる社会」を目指しているにも関わらず、障害児の保護者の就労を支えることを目的とした預かり先は日本にはほとんど存在しない。子どもに障害がある場合は、親がケアすることが暗黙の前提とされ、置き忘れられている状況になっている。

(2) なぜ障害を持つ子どもを預かる保育園がないのか

① 医療的ケア児の増加

障害にもさまざまな種類がある。障害の中でも、例えば発達障害については世間の認知度は高まってきているが、医療的ケア児に対する認知度は非常に低い。ここ15年ほどの周産期医療の発達によって、医療的ケアが必要な子どもが増加した。医療デバイスを身につけている医療的ケア児が増加しているのは、比較的最近のことである。

② 医療的ケア児の保育インフラ不足

増加し続けている医療的ケア児は、医療制度と福祉制度の狭間に位置してい

図表8-2 医療的ケア児の預け先

	保育園	幼稚園	児童発達支援事業所	ベビーシッター	障害児保育園ヘレン
長時間保育	○	△	×	○	○
障害児受け入れ	△	△	○	△	○
医療的ケア	×	×	△	×	○

るために,例えば,保育園や幼稚園は,「医療機関ではない」という理由で医療的ケア児を受け入れない。福祉機関である児童発達支援事業所は,障害児の受け入れは可能だが,福祉施設なので医療的ケアが提供できない上に,一時預かりなので長時間保育ができない。結果,医療的ケア児を預かる施設は存在しない。

また,医療的ケア児を預かるとなると,制度の狭間で補助金の活用ができないことから財政面で運営が厳しくなる。その結果,医療的ケア児を預かる所は極端に少ないというのが現状である。

(3) 医療的ケア児に対する保育事業―日本初の取り組み―

医療的ケア児の預け先がないという問題を解決するため,私は2014年9月に医療的ケアが必要な子どもの長時間保育を実施する「障害児保育園ヘレン」を日本で初めて設立した。しかし,施設を作るのは多額の資金が必要な上に,開設までに時間を要するので,サービス提供までに時間がかかる。より多くの世帯を助けるため,医療的ケアが必要な子どもを自宅でマン・ツー・マンで保育

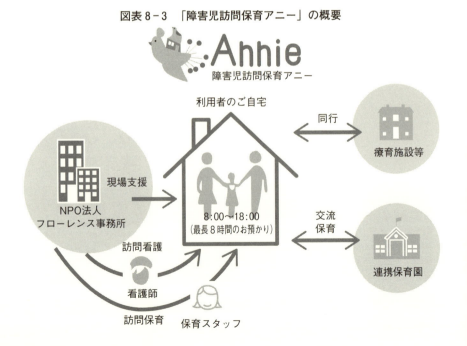

図表8-3 「障害児訪問保育アニー」の概要

する「障害児訪問保育アニー」を2015年4月より開始した（**図表8-3**）。この2つの両輪で，必要な支援を素早く，きめ細やかに実施することが可能となった。

さらには，「全国医療的ケア児者支援協議会」を設立し，積極的に国に働きかけを行っているところである。

① 「障害児保育園」の開設
　1）　日本初の障害児保育園—生みの苦しみ—

「障害児保育園」の開設に至るまで，主管官庁である東京都との調整で大変苦労した。一般的な障害児の通所施設の利用可能時間が基本的に最大4時間となっているため，障害児保育園の利用可能時間を10.5時間としたことについて，調整が難航した。1年半をかけて，なんとか開設に至った。障害児保育園の運営に際しては，障害児の通所施設と居宅訪問型保育の両制度を活用したスキームとした。

　2）　障害児の母親は働いていないことが前提だった

既存の障害児の通所施設にはいくつかの問題点がある。まず，利用者側の状況に合う利用ができないという問題である。既存の障害児の通所施設は，創設当初は教育的な側面から作られた。当時は，母親が子どもの面倒をみることが当然の前提になっていたため，長時間預かることが想定されていなかった。しかし，6割以上の母親が働くようになった現在は，障害児を長時間預けられる先が不可欠である。制度設計は，時代に合わせた修正が必要である。障害者総合支援法の改正や報酬単価改正時に，現状に沿った内容への修正が必要である。

通所施設の報酬体系は，何時間滞在するかに関わらず，利用者の訪問回数に対して補助金が支払われる仕組みとなっている。したがって，長時間預かるインセンティブは働かない。利用時間を延ばすことで，保護者の就労を支援することも考えられることから，時間に応じた加算を導入すべきである。

　3）　障害児保育園の意義—母親の就労継続，子どもの自立支援—

私が開設した障害児保育園は，医療的ケア児が通って楽しい環境を作るために，病院のような医療的施設ではなく，保育園をモチーフにしている。医療的ケア児は，医療デバイスを身につけているだけの理由で，さまざまなチャンスを奪われている。しかし，我々の保育園では，多様なアクティビティや積極的なコミュニケーションによって刺激を与え，発育を促す取り組みを行っている。

実際に、さまざまな経験が刺激となって医療的ケアが外れ、普通の保育園に転園できた事例もある。

この子が、今後もずっと医療的ケアが必要な状態であり続ける場合と、きちんと発達して普通の保育園に通うことができる場合とでは、将来的に生じる医療費等の負担は大きく異なると考える。上記は、ご本人や家族にとってのみならず、中長期的な社会的負担からみても、医療的ケア児に早期に必要な支援を行うことが有効だという事例と言える。

また、医療的ケア児の母親も、障害児保育園に子どもを預けることができたことで、フルタイムの仕事を継続できるようになり、家計の経済状態も維持された。2050年に向けて労働人口が3分の2になると予測される中、働くことができる人は貴重な存在である。子どもに障害があったとしても、その親が働き続けられる環境を作ることは、非常に重要なことである。

② 障害児訪問保育
　1） 補助金の制度化

障害児の訪問保育に関しては、医療的ケアが必要な子どもに対して、子どもの自宅でマン・ツー・マンの保育を行っている。マン・ツー・マンのサービスは、コストがかかるため、重度障害児のマン・ツー・マンの保育サービスにも補助金が必要であると訴えてきた結果、子ども子育て支援新制度で国の制度として位置づけられ、補助金が制度化されるに至っている。

　2） 医療的ケア児と近隣保育園の交流保育のプラス効果

訪問保育と言っても、ずっと自宅にいるのではなく、日中は近くの保育園に行く交流保育も行っている。当初、自治体は交流保育について、医療は保育の領域ではないということで非常に後ろ向きだったが、交流保育を始めてみると、保育園の子どもたちは喜んだ。医療的ケアが必要な子どものみならず、保育園の子どもたちも、交流保育を通じてさまざまな刺激を得ることができ、非常に良いモデルができた。この事例を紹介していくことで、地域の保育園がいっそう開かれた場所になることを期待している。

(4) 障害児保育に関するさらなる4つの問題と解決策

医療的ケア児を巡るさらなる課題として、「小学校1年生の壁」、「古い障害類型による弊害」、「障害児保育のインフラ不足」、「医療的ケアの担い手不足」

という4つの問題を紹介する。

①　小学校1年生の壁—学校にも訪問看護ができることが必要—

　医療的ケア児が小学校に上がる際にぶつかる「小学校1年生の壁」がある。医療的ケア児の未就学時期は「障害者保育園」で対応できるが，小学校に入学すると，学校で医療的ケアが行えないため，保護者が同伴するよう求められ，母親の就業継続が難しくなる。現在，医療的ケア児は親同伴で学校に通うか，先生が自宅に来る訪問教育を利用することで，教育を受けている。しかし，都内の場合，訪問教育は週に2，3回しかない。このように医療的ケア児は，義務教育でさえもまともに受けられない状況になっており，憲法で保障された権利が満たされていない。

　この問題については，小学校にも訪問看護ができるようになれば，保護者の負担を緩和することができると考える。現在の法律では，訪問看護ができる場所が「居宅」のみに限定されている。これを「居宅等」と改正することで，看護師は「居宅」だけでなく「学校」にも訪問できるようになり，医療的ケア児は学校で義務教育を受けることができるのではないだろうか。

　(3)②2）で記載した交流保育の効果にも通じるところだが，障害の有無に関わらず，「インクルーシブ（包摂）」な環境で過ごすことを，積極的に進めていくべきである。また，訪問看護の充実は，医療的ケア児だけではなく，高齢者ケアの問題にまでつながってくる。いち早くこの問題に取り組むことで，超高齢化社会となる2050年に立ち向かっていくことが重要である。

②　古い障害類型による弊害—指標のアップデートが必要—

　次に，「医療的ケア」は，非常に新しい問題であるために，既存のどの障害のカテゴリーにも含まれていないという問題がある。例えば，重症心身障害児は，知的障害と身体障害が組み合わされたもので，その定義は42年前に作られた指標をもとに作られており，医療的ケア児は含まれない。新しい障害に，古い指標で対応することが難しいために，結果として適切な補助金が支払われず，入所可能な施設がないという状況が生まれる。

　この問題は，障害類型が現在の医療の進化に追いついていないために生じる。現状に合わせて障害類型をアップデートし，制度の是正が行われれば，制度の狭間で苦しんでいる親子を救うことができる。

③ 障害児保育のインフラ―圧倒的に決定的に不足―

保育園に関して「少子化だから保育園を増やしても仕方がない」という議論を聞くことがあるが，保育園の増設は無駄にならない。仮に待機児童数が減少し，保育園が定員割れとなっても，空いている定員枠を使って障害児を受け入れることが可能であるためである。

しかし，現在，障害児施設と保育施設は全く異なる制度をもとにしており，施設の基準が異なっているため，保育所の施設をそのまま障害児の受け入れ施設として使用することができない。

この点については，縦割りの施設基準をある程度すり合わせて調整できれば，かなり柔軟な受け入れが可能になるだろう。

④ 医療的ケアの担い手確保―研修等でケアの担い手を増やす―

医療的ケア児の保育を行う上で，訪問看護は非常に重要な存在だが，看護師不足のため，必要な医療的ケアのニーズをカバーしきれていないという問題がある。

通常保護者が行っているケアについては，保育者やヘルパー，特別支援学校のバスの添乗員も含めて，医療的ケアの研修を広く浸透させることで，一定程度の対応が可能になると考えられる。不測の事態に備えて保険をかけるなど，活動をフォローする仕組みを作る必要もあるだろう。

■第9章
都市と地方における女性の就業の違い

水落　正明

> 　本章は都市と地方の女性の就業状況やそれらをとりまく環境の違いについて明らかにすることで，女性就業に関する政策的インプリケーションを得ることを目的としている。47都道府県を東京圏（埼玉県，千葉県，東京都，神奈川県），関西圏（京都府，大阪府，兵庫県，奈良県），他都市圏（北海道，宮城県，愛知県，広島県，福岡県），地方圏（その他の県）の4グループに分け，都道府県別集計データを用いて地域差について検討した。
> 　女性の就業について，都市では正規職として働き続けることが難しく，出産・育児のために非求職になりやすく，三世代同居でも有業率はそれほど高くならないことが分かった。一方，地方では有業率は高いものの，管理的職業に就いている比率は低く，知識・能力に自信がないため非求職になりやすいことが分かった。
> 　女性の就業をとりまく環境については，都市では三世代同居や保育所定員が少ないものの，特に東京圏では夫の家事・育児時間が多く，育休等の取得率が高く，妻の就業を支えていることがうかがえた。地方においては，製造業や医療・福祉分野での雇用が女性の有業率の高さを支えているほか，性別分業意識に対する賛否は都市とほぼ変わらないことも分かった。
> 　回帰分析の結果からは，都市と地方の有業率の差のうち，これらの環境要因によって他都市圏と地方圏の差は説明された。ただし東京圏と関西圏については，これらの環境要因では説明されない有業率の低さがあることが分かった。政策的には，保育所定員の増加，性別分業意識および女性の待遇（賃金）の改善などが女性有業率の上昇に資すると考えられる。

1．女性就業の分析視点

(1) 女性就業の地域差をみることの意義

　本章の目的は，都市と地方において女性の就業実態がどのように異なるのか，

さらには，女性の就業をとりまく環境にどのような違いがあるのかを明らかにすることである。女性の就業に関する地域差を生み出す要因を明らかにすることで，女性活躍のための政策を検討することが可能になる。これは同時に，地域によって必要な政策が異なることを明らかにすることにもつながる。地方創生の観点からも地域に合った女性活躍のための環境整備は重要である[注1]。

なお，本章では就業に関する情報については主として「平成24年就業構造基本調査」（総務省）の都道府県別集計データを用いる。そのほかにも各種統計調査から都道府県別集計データを用いるがその都度，資料名を提示していく[注2]。

(2) 都市と地方の区分について

都市と地方をどのように分けるかについては難しい。そもそもなにをもって都市と判断するかという問題のほか，1つの都道府県内でも都市と地方が混在しているという問題もある。しかしながら，本章では分析およびその結果解釈

図表9-1 15～54歳女性の有業率

順位		%	順位		%	順位		%
1	福井県	74.2	17	静岡県	68.0	33	茨城県	65.2
2	山形県	73.6	18	香川県	67.9	34	栃木県	65.1
3	石川県	72.9	19	三重県	67.7	35	宮城県	65.1
4	富山県	72.8	20	長崎県	67.4	36	福岡県	65.0
5	島根県	72.6	21	東京都	67.1	37	広島県	64.7
6	鳥取県	71.2	22	鹿児島県	66.9	38	京都府	64.2
7	新潟県	70.5	23	岡山県	66.9	39	千葉県	63.8
8	高知県	70.3	24	山梨県	66.6	40	和歌山県	63.5
9	秋田県	70.2	25	愛媛県	66.4	41	沖縄県	63.5
10	岩手県	69.7	26	大分県	66.3	42	北海道	63.3
11	長野県	69.6	27	徳島県	66.1	43	大阪府	62.9
12	岐阜県	69.3	28	福島県	66.1	44	埼玉県	62.8
13	群馬県	69.1	29	青森県	66.0	45	神奈川県	62.8
14	佐賀県	68.9	30	滋賀県	65.9	46	奈良県	60.8
15	宮崎県	68.7	31	山口県	65.8	47	兵庫県	60.3
16	熊本県	68.5	32	愛知県	65.7			

（出所） 平成24年就業構造基本調査（総務省）。

の簡便化のため，都道府県単位の数値を用いて，いくつかの地域圏に分けて分析を行うこととする。

橋本・宮川（2008）が分析しているように，大都市圏での女性の就業率が低いことが注目されている。「平成24年就業構造基本調査」から，15〜54歳女性の有業率を値の大きさ順に並べたのが**図表9-1**である[注3]。東京都が21位と半分よりやや上に位置している以外，有業率が低いグループの大半は都市圏に区分される都道府県で占められている（網掛け部分）。

そこで本章では，47都道府県を東京圏（埼玉県，千葉県，東京都，神奈川県），関西圏（京都府，大阪府，兵庫県，奈良県），他都市圏（北海道，宮城県，愛知県，広島県，福岡県），地方圏（その他の県）の4グループに分けて，地域差について検討していきたい。

2．データ分析

(1) 女性就業の都市と地方での差

ここでは，女性就業の地域差についてみていく。

① 雇用形態

最初に雇用形態について確認する。**図表9-2**は，年齢階級ごとに有業者を正規，非正規，自営に分けて，無業者と合わせた全体に占める割合を示したものである。結婚・出産による就業継続について確認するため，25〜34歳から35〜44歳にかけての有業率をみると，東京圏と関西圏では大きく減少し（それぞれ71.9％→64.8％，69.2％→64.0％），他都市圏はわずかに減少している（69.4％→67.9％）。地方圏では，むしろ25〜34歳から35〜44歳にかけて有業率がわずかに上昇している（73.1％→74.0％）。雇用形態についてみると，東京圏と関西圏では25〜34歳から35〜44歳にかけて正規職比率が10ポイント以上減少している。地方圏は，正規職比率はそれほど低下しておらず，35〜44歳の有業率が高いのは必ずしも非正規職によるものではなく，正規職率が高いことによることが分かる。

図表 9-2 年齢階級別にみた女性の正規職率，非正規職率，自営率，無業率

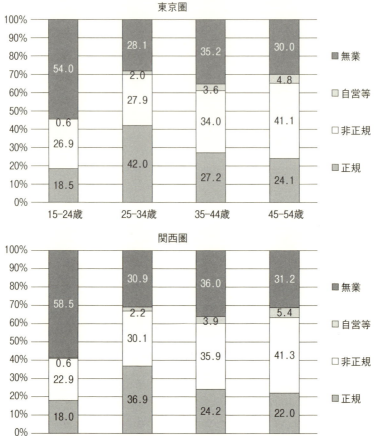

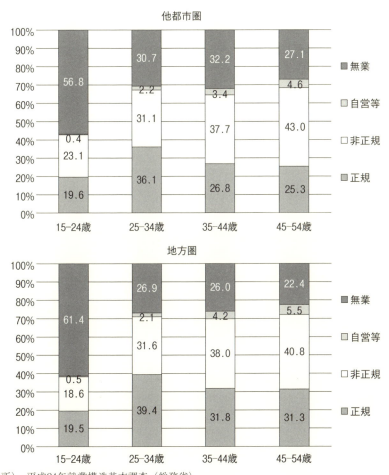

(出所) 平成24年就業構造基本調査（総務省）。

② 就業意欲

　女性の活躍という観点からは，無業者の内訳についてもみる必要がある。無業者は，求職者（仕事をする意志があり仕事を探している），非求職者（仕事をする意志があるが仕事を探していない），非就業希望者（仕事をする意志がない）に分かれる。非求職者と非就業希望者について**図表9-3**をみると，25～34歳，35～44歳のところで，東京圏では非求職者（それぞれ11.3％，13.8％）が非就業希望者（それぞれ10.3％，13.1％）より多くなっているが，その他の

図表 9-3 年齢階級別にみた女性の有業率, 求職率, 非求職率, 非就業希望率

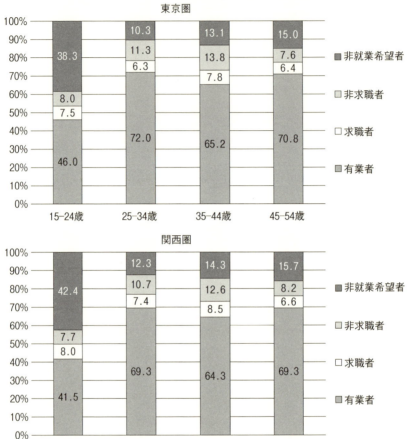

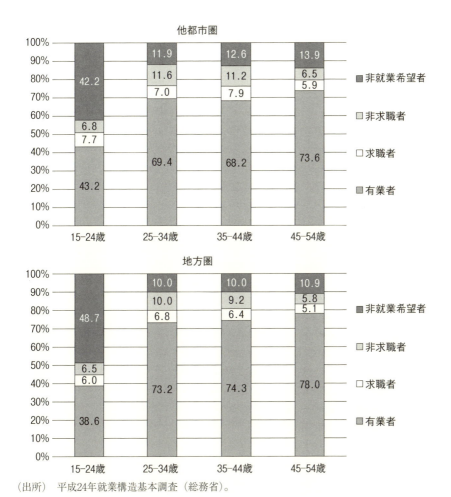

(出所) 平成24年就業構造基本調査（総務省）。

地域ではその逆である。また地方圏では，非就業希望者が少ない。非求職者は仕事をする意志はあるため，環境が整えば仕事に就くが，非就業希望者は意志自体がないため，就業への移行は難しく，地域に合った政策対応が必要であろう。

③ 非就業希望の理由

　それでは，非就業希望の理由にはどのようなものが多いだろうか。ここでは年齢層を少し限定して25～34歳と35～44歳について**図表9-4**にまとめた[注4]。

図表 9-4 女性非就業希望者の理由

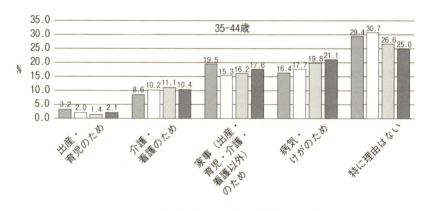

(出所) 平成24年就業構造基本調査（総務省）。

25～34歳では出産・育児のためという理由が最も多く（65％前後），地域差はほぼないようにみえる。35～44歳では，特に理由がないが最も多く（おおむね25～30％），東京圏で出産・育児のためと家事のためがやや多いようにもみえる。関西圏はいずれの年齢階級でも特に理由はないという回答が他の地域に比べて多い。

④ 非求職者の理由

引き続き，無業者の内訳として25〜44歳女性の非求職の理由をみる。ここではグラフが細かくなりすぎるのを避けるために，都市としての東京圏と地方としての北越圏（新潟県，富山県，石川県，福井県）で比較を行う。北越圏は女性の有業率が高いことが知られており，それは図表9-1でも確認できる。**図表9-5**の左側が全ての配偶状態，右側が未婚者に限ったグラフである。全ての配偶状態をみると，東京圏では「出産・育児のため」（59.0%）という理由が比較的多い。未婚者をみると，北越圏で「知識・能力に自信がない」（15.6%）の比率が高い。東京圏では後でみるように待機児童問題の影響がみて取れる。北越圏のような地方圏では，これも後でみるように，製造業など比較的，高度な技術の必要がない仕事が多いようにも考えられるが，知識・能力のアップデートの必要性が示唆されている。

ただし，地方圏では仕事に就きやすいことを考えると，それでも仕事のない女性が対象の数値であることには留意が必要だろう。

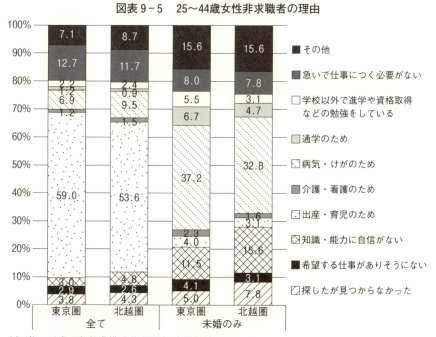

図表9-5　25〜44歳女性非求職者の理由

（出所）　平成24年就業構造基本調査（総務省）。

⑤ 管理的職業従事者に占める女性

女性活躍という点では，意思決定の場にどの程度参画できているかも重要である。**図表9-6**は，15～54歳の管理的職業従事者に占める女性割合を示している[注5]。東京圏（12.2％）で最も高く，地方圏（10.2％）で最も低い。すでに確認したように地方圏は女性の有業率は高いものの，管理職として働いているものは少ないことが分かる。

⑥ 学歴と女性有業

高い能力を持つ高学歴女性が仕事に就けているかも，女性活躍という点からは重要である。**図表9-7**は，15～54歳女性大学卒業者に占める有業者割合である。15～24歳と25～34歳では東京圏と地方圏で有業率にあまり差はない（それぞれ93.0％と92.9％，80.9％と79.5％）が，35～44歳と45～54歳では地方の有業率の方が高くなっている（それぞれ67.3％と73.7％，71.6％と79.4％）ことが分かる。

⑦ 世帯類型と女性有業

地方の女性有業率が高い原因の1つとしてよく指摘されるのが，親のサポー

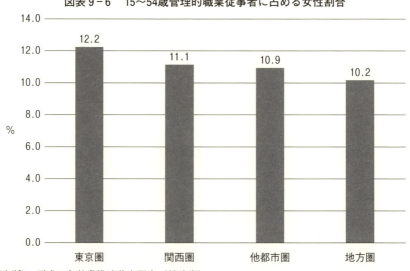

図表9-6　15～54歳管理的職業従事者に占める女性割合

(出所)　平成24年就業構造基本調査（総務省）。

第9章 都市と地方における女性の就業の違い　197

図表9-7　女性大学卒業者の有業率

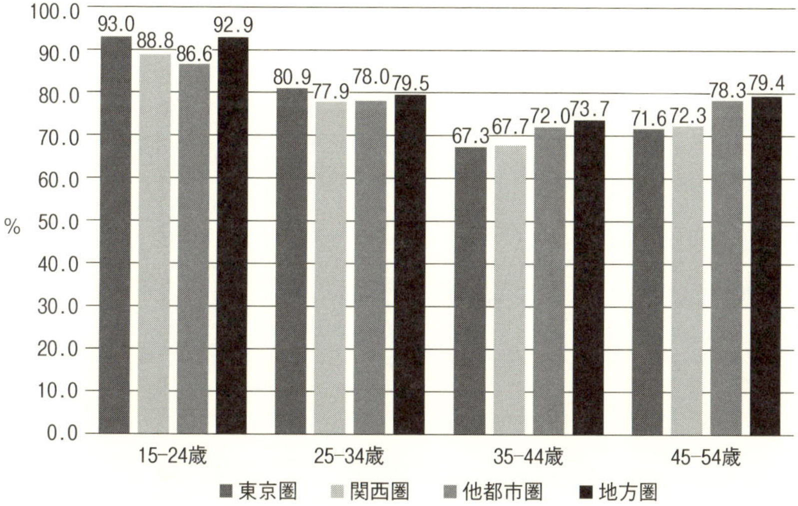

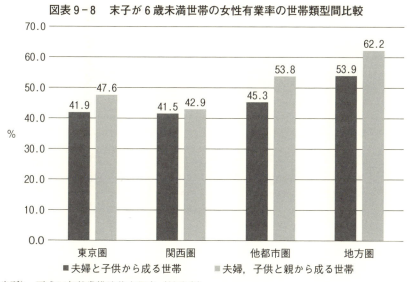

（出所）　平成24年就業構造基本調査（総務省）。

図表9-8　末子が6歳未満世帯の女性有業率の世帯類型間比較

（出所）　平成24年就業構造基本調査（総務省）。

トを受けられる三世代同居の効果である。そこで世帯類型と女性有業率の関係を**図表9-8**にまとめた。都市圏でも三世代同居によって有業率が上昇する（例えば東京圏は41.9％→47.6％）が，地方圏の核家族世帯の有業率（53.9％）にも及ばず，地方圏の三世代世帯の有業率（62.2％）とは大きな乖離があることが分かる。都市で三世代同居が増加したとしても，地方ほどの有業率にはならない可能性が高いことが分かる。

(2) 女性就業をとりまく環境の都市と地方の差

続いてここからは，女性の就業をとりまく環境についてみていく。

① 三世代同居

環境要因として，最初に親からのサポートについて確認する。これについては図表9-8ですでに，三世代同居による有業率上昇の効果はみた。そこで，6歳未満の子どもがいる世帯に占める三世代同居率を**図表9-9**で確認する。地方圏で圧倒的に高い（23.7％）ことがみて取れ，地方の高い有業率を支えて

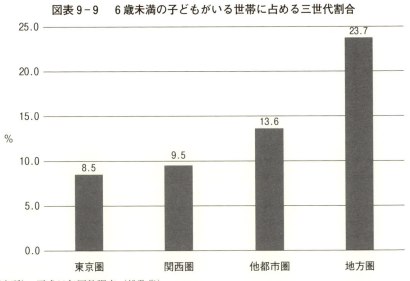

図表9-9　6歳未満の子どもがいる世帯に占める三世代割合

（出所）　平成22年国勢調査（総務省）。

いることが分かる。

② 共働き世帯の夫の家事・育児

続いて，家庭内でのサポートとして夫の貢献について確認する。**図表9-10**は，6歳未満の子どもがいる核家族世帯で夫がどの程度の家事関連行動をしているかをまとめたものである。東京圏では夫の家事・育児の量（それぞれ17.5分，55.0分）が他の地域に比べて多い。特に育児については他の地域の1.4倍から2倍程度多い。このような夫のサポートは東京圏で多いものの，女性有業率は関西圏や他都市圏とそれほど変わらない（図表9-8参照）。このことは，東京圏で女性就業を支えるのが難しいことを示唆している。

③ 保育所

女性の就業において，家庭外に子どもを預けられるかは重要な問題である。そこで保育所定員率（保育所定員／0～4歳人口）を計算し，**図表9-11**に示した。保育所定員率が高いほど，保育所に入れる可能性が高くなることを意味する。この保育所定員率は地方圏で高く（0.39），それ以外で低い（0.2前後）

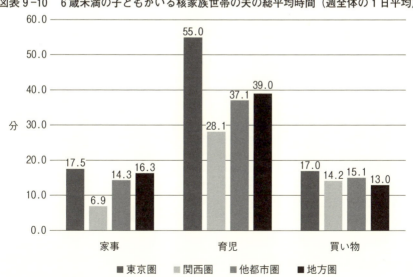

図表9-10　6歳未満の子どもがいる核家族世帯の夫の総平均時間（週全体の1日平均）

（出所）　平成23年社会生活基本調査（総務省）。

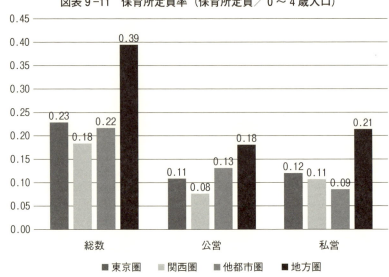

図表 9-11 保育所定員率（保育所定員／0〜4歳人口）

（出所） 平成24年社会福祉施設等調査（厚生労働省），平成24年推計人口（総務省）。

というように分かれている。また，他都市圏では公営の定員が私営の定員より多い（0.13＞0.09）のに対して，それ以外の地域では，私営の定員が多い（東京圏0.11＜0.12，関西圏0.08＜0.11，地方圏0.18＜0.21）という結果となっている。

④ 待機児童

保育所定員率の結果でもある待機児童率（待機児童数／0〜4歳人口）を**図表9-12**にまとめた(注6)。待機児童率は東京圏で高く（0.0069），それ以外で低い（0.0009〜0.0020）というように分かれている。関西圏と他都市圏は保育所定員率はそれほど高くなかったものの，待機児童率は地方圏を下回っていることが分かる。

⑤ 次世代法の行動計画届出

次に企業からのサポートという点で，**図表9-13**に次世代育成支援対策推進法（次世代法）の行動計画届出率をまとめた。次世代法では，女性の出産・子育てと就業の両立を企業が支援するよう求めており，行動計画の届出および施行が義務づけられている。いずれの地域も90％を超えており，悪いという状況

図表9-12 待機児童率（待機児童数／0〜4歳人口）

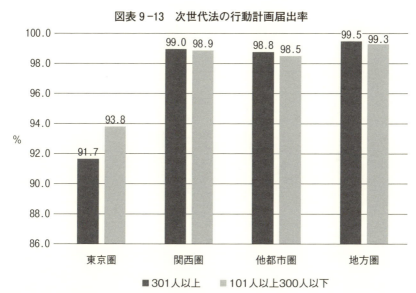

	東京圏	関西圏	他都市圏	地方圏
	0.0069	0.0014	0.0009	0.0020

（出所）平成24年保育所入所待機児童調査（厚生労働省），平成24年推計人口（総務省）。

図表9-13 次世代法の行動計画届出率

	東京圏	関西圏	他都市圏	地方圏
301人以上	91.7	99.0	98.8	99.5
101人以上300人以下	93.8	98.9	98.5	99.3

（出所）厚生労働省調べ（2014年9月末の状況）。

ではない。ただしここでは東京圏とそれ以外で異なる様子がみて取れる。地方の方が取り組んでいるというのはやや意外な結果かもしれない。ただし，東京圏は企業数が多いため，行政の目が行き届いていない可能性もある。

⑥ 男性の育休等取得

男性の両立支援制度利用も女性の就業を支える重要な点である。ここで，ふだん育児をしている男性有業者の，この1年の育児休業制度等の利用率を図表9-14に示した。何らかの制度を最も利用しているのは東京圏（15％前後）で，地方圏（10％弱）では利用率が低くなっていることが分かる。正規職男性は非正規職男性よりも利用率が高いが，関西圏以外はそれほど大きな差となっていないことも分かる。

⑦ 性別役割分業意識

都市と地方では，性別役割分業意識に差があるということがよく指摘される。そこで内閣府の調査から「夫が外で働き，妻が家を守るべき」という考え方に

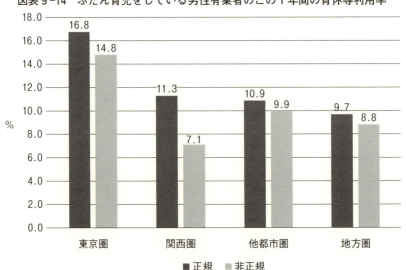

図表9-14　ふだん育児をしている男性有業者のこの1年間の育休等利用率

(注)　育休等には育児休業のほか，短時間勤務，子の看護休暇，その他が含まれている。
(出所)　平成24年就業構造基本調査（総務省）。

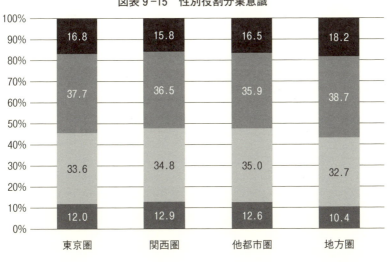

図表 9-15 性別役割分業意識

(注) 男女計の数値である。
(出所) 地域における女性の活躍に関する意識調査(内閣府, 平成27年)。

対する回答比率を**図表9-15**にまとめた(注7)。この考え方に対する肯定的な回答(そう思う+ややそう思う)は,女性の就業を抑制すると考えられる。ここでは男女計の回答について示してある。地域間でほとんど差がないと言えるが,地方圏で最も肯定的な回答の割合(43.1%)が低い。一般的に地方の方が,性別役割分業意識が強いと言われることもあるが,この調査からは,必ずしもそうでないことが分かる。

⑧ 女性賃金

環境要因として,待遇も女性の就業に影響を与えると考えられる。ここでは,「平成24年賃金構造基本統計調査」(厚生労働省)から時給を計算し,東京圏との比率を**図表9-16**にまとめた(注8)。地方圏の対東京圏賃金をみると,男性(81.1)に比べて女性(79.6)の方がわずかであるが格差が大きい。男性に比べて地方は女性の就業にとって魅力的ではないことがうかがえる。

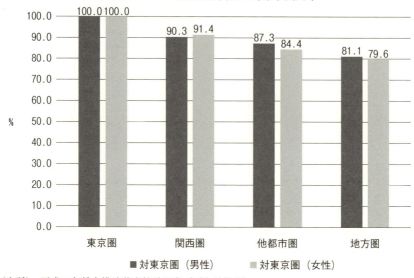

図表 9-16 一般労働者賃金の対東京圏比率

(出所) 平成24年賃金構造基本統計調査（厚生労働省）。

⑨ 産業

　女性の就業に対して需要（企業）側の要因も考える必要がある。すなわち，女性が就きやすい仕事が用意されているかどうかという点である。そこで，どのような産業に女性が就業しているのかを確認する。**図表 9-17**は，15〜54歳女性有業者の産業構成比率である。地方圏が東京圏を大きく上回っているのは製造業（14.1％と9.0％）と医療・福祉（23.8％と17.4％）で，逆に下回っているのは情報通信業（1.1％と4.4％），金融業，保険業（3.1％と4.9％），学術研究，専門・技術サービス業（2.0％と4.3％）である。地方圏で，比較的に技術の要求水準が低いと考えられる分野の割合が高くなっている。

(3) 女性就業の規定要因に関する推定

　ここまで，都市と地方における女性就業および，それをとりまく環境の違いについて記述的な分析を行ってきた。こうした女性就業をとりまく要因は，女性就業のどの程度を説明できるだろうか。4つの地域にまとめてきたデータを47の都道府県データに戻し，15〜54歳女性有業率を被説明変数にした重回帰分

第9章 都市と地方における女性の就業の違い

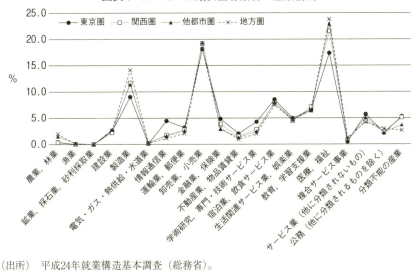

図表9-17　15〜54歳女性有業者の産業構成

（出所）　平成24年就業構造基本調査（総務省）。

図表9-18　基本統計量

	平均	標準偏差	最小	最大
有業率（％）	67.1	3.3	60.3	74.2
東京圏	0.085	0.282	0	1
関西圏	0.085	0.282	0	1
他都市圏	0.106	0.312	0	1
地方圏	0.723	0.452	0	1
三世代同居率（％）	20.8	9.9	5.8	45.4
夫家事関連時間（分）	68.3	19.9	35	119
保育所定員率	0.371	0.159	0.08	0.75
待機児童率	0.002	0.004	0	0.027
男性育休等利用率（正規・非正規計，％）	10.3	2.69	6.1	20.7
次世代法行動計画届出率（％）	99.1	1.6	90	100
性別分業反対率（％）	55.8	3.5	49.6	62.8
女性時給（円）	1,340	114	1,118	1,730
医療・福祉就業率（％）	23.7	3.7	15.5	30.7

サンプルサイズ47

析を行うことで確かめてみる。**図表9-18**が推定に用いた基本統計量である。夫家事関連時間は、図表9-10でみた家事、育児、買い物の合計である。性別分業反対率は、図表9-15でみた「夫が外で働き、妻が家を守るべき」に対して「あまりそう思わない」あるいは「そう思わない」と回答した比率の合計である。なお、都道府県別集計データによる回帰分析では、多重共線性が生じる可能性が高いが、最も相関係数が高いもので三世代同居率と保育所定員率間で0.634と、極端に高い数値となっているわけではない[注9]。

図表9-19が推定結果である。回帰1では地域圏ダミーのみで推定を行った。その結果いずれの地域ダミーの係数もマイナスで有意であり、地方圏に比べて有業率が低いことが分かる。続いて回帰2で就業環境要因を回帰式に入れて推定したところ、他都市圏のダミーは有意ではなくなった。これは、他都市圏と

図表9-19 女性有業率の規定要因に関する推定（加重最小二乗法）

	回帰1		回帰2	
	係数	標準誤差	係数	標準誤差
地域（Ref：地方圏）				
東京圏	-3.443	0.752***	-3.105	1.285**
関西圏	-5.869	0.935***	-4.169	1.032***
他都市圏	-3.214	0.863***	-0.682	0.796
三世代同居率			0.113	0.047**
夫家事関連時間			-0.003	0.015
保育所定員率			6.798	2.352***
待機児童率			-91.59	68.28
男性育休等利用率（正規・非正規計）			0.107	0.127
次世代法行動計画届出率			0.041	0.176
性別分業反対率			0.308	0.097**
女性時給			0.013	0.005**
医療・福祉就業率			0.064	0.107
定数項	68.01	0.48***	22.47	25.66
N	47		47	
R^2	0.527		0.839	
Adj-R^2	0.494		0.782	

有意水準：***：1％、**：5％、*：10％
都道府県別人口（性別、年齢計）をウェイトに用いた。

地方の女性就業の差としてみえるものは，就業環境要因でほぼ説明できたことを意味している。ただし，東京圏と関西圏のダミーは依然としてマイナスで有意である。係数の値は絶対値として小さくなったため，これらの環境要因である程度，地方との差を説明できたことになるが，それでも説明しきれない部分が残っていることがわかる。

環境要因で有意になっているものは，いずれも理論的に予測可能な結果である。具体的には三世代同居率が高い，保育所定員率が多い，性別分業に反対する人が多い，女性の時給が高い，ことが女性の有業率の高さと有意な相関を持っていると言える。これらは使用した説明変数の中でもいずれも比較的外生性が高いと考えられる。

決定係数をみると，地域圏ダミーでは53％の説明力であったが，回帰2では84％の説明力になっている。

3．女性就業の課題と政策

本章では都道府県別集計データを使って，都市と地方の女性就業の違い，さらには女性就業をとりまく環境の違いについて簡単な分析を行った。

女性の就業については，都市では正規職として働き続けることが難しく，出産・育児のために非求職になりやすく，三世代同居でも有業率はそれほど高くならないことが分かった。一方，地方では有業率は高いものの，管理的職業に就いている比率は低く，活躍しているとは言えない状況である。また，地方では知識・能力に自信がないため非求職になりやすいことも分かった。

女性の就業をとりまく環境については，都市では三世代同居や保育所定員が少ないものの，特に東京圏では夫の家事・育児時間が多く，育休等の制度利用率が高く，妻の就業を支えていることがうかがえた。地方においては，製造業や医療・福祉分野での雇用が女性の有業率の高さを支えているほか，性別役割分業意識に対する賛否は都市とほぼ変わらないことも分かった。

最後に行った回帰分析の結果から，因果関係がある程度担保されると考えられる要因として，保育所定員の増加，性別分業意識の改善，女性の待遇（賃金）の改善などが女性有業率の増加に資すると考えられる。特に政策的な支援が必要である保育所定員の増加については，従来のような施設の増加による方策は費用がかかり難しい面がある。そこで，子ども・子育て支援新制度（2015

年4月施行）で公的給付の対象になった地域型保育給付（小規模保育，家庭的保育，居宅訪問型保育，事業所内保育）などを充実させていくことが重要であろう。

注

1　地域差に注目した研究としては，安部ほか（2008），橋本・宮川（2008），不破（2012），大嶋（2014）などがある。
2　なお，統計数値によっては四捨五入されているものがあるため，比率の合計が100％にならない場合もあることには注意されたい。
3　有業率は，ふだん収入になる仕事をしている人の割合を示している。
4　実際には，これらの理由のほかにも選択肢がある。
5　管理的職業従事者とは，事業経営方針の決定・経営方針に基づく執行計画の樹立・作業の監督・統制など，経営体の全般または課（課相当を含む）以上の内部組織の経営・管理に従事するもの，をさす。
6　待機児童は，入所申込が提出されており，入所要件に該当しているが，入所していないものをさす。
7　内閣府によるこの意識調査の調査対象は20歳代〜60歳代の全国の男女である。
8　時給は，全年齢の一般労働者のきまって支給する現金給与額を所定内労働時間と超過実労働時間の合計で割り，物価地域差を調整して計算した。
9　学歴については説明変数の候補であったが時給と非常に高い相関があったため，あらかじめ推定から除いてある。

参考文献

安部由起子・近藤しおり・森邦恵（2008），「女性就業の地域差に関する考察―集計データを用いた正規雇用就業率の分析」『季刊家計経済研究』80, pp.64-74。
大嶋寧子（2014），「女性就業が拡大する地域の状況―地域・年齢別データに見る女性活躍推進の課題」みずほインサイト。
橋本由紀・宮川修子（2008），「なぜ大都市圏の女性労働力率は低いのか―現状と課題の再検討」RIETI Discussion Paper Series　08-J-043。
不破麻紀子（2012），「就業環境の地域差と高学歴女性の就業」『社会科学研究』64(1), pp.114-133。

■執筆者一覧　　（執筆順。役職名は2016年4月現在）

前島　優子	財務省財務総合政策研究所総務研究部総括主任研究官	序　章
加藤　久和	明治大学政治経済学部教授	第1章
奥　　愛	財務省財務総合政策研究所総務研究部主任研究官	第2章
和田　誠子	財務省財務総合政策研究所総務研究部研究員	第2章
越前智亜紀	財務省財務総合政策研究所総務研究部研究員	第2章
本田　由紀	東京大学大学院教育学研究科教授	第3章
林川　友貴	東京大学大学院教育学研究科修士課程	第3章
古平　陽子	株式会社電通電通総研主任研究員	第4章
横山　重宏	三菱UFJリサーチ＆コンサルティング株式会社　経済政策部長	第5章
加藤　真	三菱UFJリサーチ＆コンサルティング株式会社　経済政策部研究員	第5章
中野　円佳	ジャーナリスト／東京大学大学院教育学研究科博士課程	第6章
安藤　哲也	NPO法人ファザーリング・ジャパン代表理事	第7章
駒崎　弘樹	認定NPO法人フローレンス代表理事	第8章
水落　正明	南山大学総合政策学部教授	第9章

■編著者紹介

加藤　久和（かとう　ひさかず）

1958年東京都生まれ。1981年慶應義塾大学経済学部卒業，1988年筑波大学大学院経営・政策科学研究科修了。2000年博士（経済学）（中央大学）取得。電力中央研究所主任研究員，国立社会保障・人口問題研究所室長などを経て，2005年明治大学政治経済学部助教授，2006年4月より同大学政治経済学部教授。専門は人口経済学，社会保障論，計量経済学。主な著作物として『世代間格差―人口減少社会を問いなおす』（筑摩新書，2011年），『社会政策を問う』（明治大学出版会，2014年），『持続可能な高齢化社会を考える』（共著，中央経済社）など

財務省財務総合政策研究所

女性が活躍する社会の実現
多様性を活かした日本へ

2016年10月15日　第1版第1刷発行

編著者　加藤　久和
　　　　財務省財務総合政策研究所
発行者　山本　継
発行所　㈱中央経済社
発売元　㈱中央経済グループ
　　　　パブリッシング

〒101-0051　東京都千代田区神田神保町1-31-2
電話　03 (3293) 3371 (編集代表)
　　　03 (3293) 3381 (営業代表)
http://www.chuokeizai.co.jp/
印刷／文唱堂印刷㈱
製本／誠製本㈱

©2016
Printed in Japan

＊頁の「欠落」や「順序違い」などがありましたらお取り替えいたしますので発売元までご送付ください。（送料小社負担）
ISBN978-4-502-20011-3　C3036

JCOPY〈出版者著作権管理機構委託出版物〉本書を無断で複写複製（コピー）することは，著作権法上の例外を除き，禁じられています。本書をコピーされる場合は事前に出版者著作権管理機構（JCOPY）の許諾をうけてください。
JCOPY〈http://www.jcopy.or.jp　eメール：info@jcopy.or.jp　電話：03-3513-6969〉

本書とともにおすすめします

持続可能な高齢社会を考える

官民の「選択と集中」を踏まえた対応

貝塚 啓明
財務省財務総合政策研究所【編著】

高齢社会の中でも経済社会を維持し、ニーズに合ったサービスを提供する公的部門と民間企業のあり方を探る

A5判・234頁・ハードカバー

■目次

序　章　高齢社会における「選択と集中」

第Ⅰ部　高齢社会における「選択と集中」のための課題
　第1章　超高齢社会の課題と可能性（講演録）
　第2章　高齢社会における経済成長と意思決定

第Ⅱ部　高齢者のニーズおよびニーズに対応した産業
　第3章　高齢者市場開拓の意義と期待
　第4章　高齢社会のニーズと産業・制度の相互補完
　第5章　高齢者市場への取組みの考察

第Ⅲ部　高齢社会における公的部門の役割
　第6章　社会保障制度における「選択と集中」
　第7章　高齢社会における社会資本整備
　第8章　望ましい「老い方・死に方」と「医療提供体制の再編」

第Ⅳ部　諸外国の高齢化の状況と対応
　第9章　東アジアの高齢化問題（講演録）
　第10章　〈特別講演〉強靱でしたたかな普通の国スウェーデン

中央経済社